Titre original : Solution Fiscale Chypre.

© Solution Fiscale Chypre, Víctor Martínez et Carlos Martínez, 2024.

Auteurs : Víctor Martínez et Carlos Martínez.

© Couverture et illustrations : Víctor Martínez et Carlos Martínez.

Mise en page et design : Víctor Martínez et Carlos Martínez.

Tous droits réservés.

Cette publication ne peut être reproduite, en totalité ou en partie, stockée, enregistrée ou transmise sous aucune forme ni par aucun moyen, qu'il soit mécanique, photochimique, électronique, magnétique, électro-optique, par photocopie ou par des systèmes de récupération d'information, ou de toute autre manière, présente ou future, sans l'autorisation préalable écrite des détenteurs du droit d'auteur.

SOLUTION FISCALE CHYPRE

Guide essentiel pour le déménagement personnel et d'entreprise à Chypre.

SOMMAIRE

1. Introduction.
2. Notre expérience personnelle.
3. Objectif de notre travail et contact.
4. Professions intéressantes pour déménager à Chypre.
5. Migration d'entreprise.
6. Création d'entreprise.
7. Yellow slip (Feuille jaune).
8. Non-domicile.
9. Procédure : Si vous n'êtes pas citoyen de l'Union Européenne.
10. Enregistrement de la TVA de l'entreprise + enregistrement fiscal de l'entreprise + enregistrement de la gestion de l'entreprise.
11. Enregistrement fiscal personnel.
12. TVA intracommunautaire ou transfrontalière (VIES).
13. Salaire.
14. IP box.
15. Comptabilité.
16. Investissement : Cryptomonnaies, EFT, trading, bourse...
17. Comptes bancaires.
18. Immobilier : Location et achat de logement.
19. Mise en service de l'électricité.
20. Mise en service de l'eau.
21. Assurances : Santé et véhicule.
22. Location et achat de véhicules.
23. Compagnies : Internet et téléphone.
24. Espaces de coworking.
25. Livraison de nourriture à domicile.
26. Nationalité.
27. Sécurité.
28. Scolarisation.
29. Foire aux questions.
30. Histoire de Chypre.
31. Crise des banques chypriotes.
32. Les villes les plus importantes et les sites touristiques.
33. Cuisine typique.
34. Curiosités.

1
INTRODUCTION

Au cœur de la Méditerranée, Chypre émerge non seulement comme un carrefour de cultures et un joyau touristique, mais aussi comme un centre attractif pour les individus et les entreprises cherchant à optimiser leur paysage fiscal et à profiter d'un environnement d'affaires favorable.

Ce livre, fruit de l'expérience accumulée et de la connaissance approfondie d'une équipe de spécialistes conseillers, se présente comme un guide essentiel pour ceux qui envisagent de changer de résidence fiscale à Chypre, tant pour les personnes physiques que pour les entités corporatives.

À travers ses pages, nous partagerons notre expérience personnelle, non seulement en tant que conseillers mais aussi en tant que participants actifs dans le processus de transition vers une nouvelle résidence fiscale à Chypre.

Notre objectif va au-delà de la simple consultation ; nous cherchons à être un pont qui relie les rêves aux réalités, facilitant un changement fluide et conforme aux réglementations légales.

Nos clients couvrent un large spectre, allant des entrepreneurs individuels aux multinationales, en passant par ceux qui recherchent un refuge sûr pour leurs investissements dans les cryptomonnaies, les ETFs, le trading et la bourse.

Pour chacun, Chypre offre un terrain fertile pour la prospérité et la croissance.

De la migration d'entreprise à la création d'entreprises, en passant par l'obtention du "Yellow Slip", le statut de "non-domicile" et la gestion des aspects spécifiques, ce livre couvre tous les détails nécessaires pour une transition réussie.

Nous détaillons les procédures pour l'enregistrement de la TVA et la gestion d'entreprise, ainsi que pour l'obtention d'avantages fiscaux à travers le "IP Box", et nous abordons les particularités de la comptabilité dans le contexte chypriote.

L'investissement, l'achat ou la location de véhicules, la gestion des comptes bancaires, le marché immobilier, et même des aspects aussi quotidiens mais cruciaux que les assurances et la scolarisation, sont clarifiés en détail, fournissant un compendium de connaissances indispensable pour l'expatrié moderne.

De plus, en raison de l'importance de s'intégrer dans la riche culture chypriote, nous commentons des aspects tels que la sécurité et explorons les villes les plus importantes et les sites touristiques, sans oublier de se délecter de sa cuisine typique.

Ce livre n'est pas seulement un guide fiscal et entrepreneurial mais aussi une fenêtre sur la vie à Chypre, offrant des réponses aux questions fréquentes et éclairant le chemin vers l'acquisition d'une nouvelle nationalité, si cela est nécessaire.

Bienvenue dans le prochain chapitre de votre vie à Chypre, où l'histoire, l'innovation et l'opportunité se rencontrent pour créer un avenir très prospère.

2

NOTRE EXPÉRIENCE PERSONNELLE

À la recherche de nouveaux horizons qui combinent la sécurité, une fiscalité avantageuse et un environnement stable pour vivre et développer des affaires, nous, initialement deux entrepreneurs espagnols avec une solide expérience dans le secteur du conseil et des assurances, ainsi que dans l'entrepreneuriat à travers la vente de produits sur Amazon à l'échelle mondiale, avons pris la décision de quitter notre pays bien-aimé, l'Espagne.

Malgré l'amour profond que nous ressentons pour chaque coin de notre terre et la chaleur de ses gens, les défis des impôts élevés, l'insécurité croissante dans les rues et l'instabilité politique nous ont poussés à chercher une alternative qui s'alignait davantage avec nos aspirations personnelles et professionnelles.

Après une analyse approfondie de diverses options, telles que le Portugal, Malte, l'Estonie, Andorre, la Bulgarie et la Hongrie, Chypre a émergé comme la destination idéale.

L'île méditerranéenne promettait non seulement un environnement sûr et une structure fiscale attrayante, mais aussi l'opportunité de s'immerger dans une culture riche et de profiter d'un style de vie enviable, cependant, la transition n'a pas été facile.

La fermeture de l'activité économique en Espagne a impliqué de faire face à une série de défis, bien qu'il convienne de souligner que le plus frustrant a été la déception continue que nous avons reçue de la part de consultants qui, en théorie, étaient spécialisés dans la création d'entreprises à Chypre, et qui n'ont pas du tout répondu aux attentes, en termes d'efficacité, d'engagement et de professionnalisme.

Malgré la mauvaise gestion des conseillers "experts" que nous avions engagés, nous n'avons pas abandonné et notre détermination nous a conduits à prendre en main personnellement les procédures fastidieuses de la bureaucratie chypriote.

Ce processus d'apprentissage, bien que laborieux, nous a permis d'acquérir une connaissance approfondie des procédures nécessaires pour s'établir et transférer l'activité économique à Chypre de manière optimisée et professionnelle.

L'expérience a été transformatrice tant sur le plan personnel que professionnel, et a également semé la graine d'une nouvelle entreprise.

Une fois établis à Chypre, et après avoir expérimenté de première main les avantages de la décision prise, nous avons commencé à partager nos connaissances et expériences acquises avec des amis, des collègues du secteur et d'autres professionnels.

L'aide s'est avérée inestimable pour beaucoup qui cherchaient à améliorer leur situation fiscale et à trouver un équilibre entre vie professionnelle et personnelle dans un environnement plus favorable.

La demande de conseils a tellement augmenté que nous avons été poussés à formaliser notre offre, transformant les expériences, les leçons apprises et les contacts établis en un service professionnel destiné à ceux intéressés à déménager à Chypre.

Aujourd'hui, nous offrons un service unique, caractérisé par un suivi continu et un conseil de haute qualité, spécialisés dans la création d'entreprises internationales à Chypre.

L'approche personnalisée, basée sur notre propre parcours et les défis surmontés, nous permet de guider les clients à travers le labyrinthe bureaucratique, en assurant un transfert et un établissement 100% réussis sur l'île.

À travers la consultance, nous avons réussi à construire un pont entre nos racines espagnoles et notre patrie adoptive chypriote, démontrant qu'il est possible de se réinventer et de prospérer dans un nouvel environnement, sans oublier d'où nous venons.

3
BUT DE NOTRE TRAVAIL ET CONTACT

Solution Fiscale Chypre se spécialise dans l'offre de solutions fiscales stratégiques et personnalisées, avec pour objectif principal d'optimiser votre situation fiscale à Chypre.

Nous nous efforçons d'assurer que, dans le cadre légal, vous payez le moins d'impôts possible, maximisant ainsi vos bénéfices et votre efficacité opérationnelle.

Nous comprenons que chaque entreprise a des besoins uniques, c'est pourquoi notre proposition est toujours personnalisée. Cependant, pour la majorité de nos clients, nous avons trouvé qu'une structure particulièrement efficace.

Cette structure stratégique permet de tirer parti de manière optimale du régime fiscal favorable du pays.

Ainsi, votre entreprise peut bénéficier d'un taux d'imposition sur les sociétés de seulement 12,50% par an.

De plus, nous gérerons l'inscription au régime "Non-Dom" de Chypre, ce qui signifie que les impôts applicables au paiement des dividendes à votre personne physique seraient réduits à 2,65% par an pendant une période de 17 ans, conformément à un accord avec l'administration publique chypriote.

Cette approche n'est pas seulement efficace, mais elle est aussi pleinement légale conformément à la législation fiscale en vigueur à Chypre.

Ce régime offre un avantage fiscal significatif sans compromettre la légalité ou la transparence de vos opérations financières.

Un aspect notable de ce régime est la flexibilité qu'il offre en termes de résidence.

Pour obtenir ces avantages fiscaux, il est requis de résider à Chypre seulement 60 jours par an, ce qui offre une grande liberté pour gérer votre temps et votre présence physique.

Il est important, cependant, de s'assurer de ne pas passer plus de 183 jours dans un autre pays, afin de ne pas affecter votre statut fiscal à Chypre.

Enfin, dans ce cadre fiscal, vous aurez également la possibilité de recevoir un salaire mensuel exempt de cotisations de travailleur indépendant et d'IRPF.

Au lieu de contributions traditionnelles à la sécurité sociale, vous pouvez opter pour une assurance santé privée, ce qui est une condition pour bénéficier de cet avantage.

Notre équipe d'experts est dédiée à vous guider à travers chaque étape de ce processus, en s'assurant que chaque aspect de la structure fiscale soit géré avec professionnalisme, précision et en accord avec vos objectifs professionnels et personnels.

Avec nos conseils, vous pouvez être sûr que votre situation fiscale sera non seulement optimisée mais aussi durable à long terme.

Nous sommes soutenus par des centaines de clients, principalement d'Espagne, d'Allemagne, de France et d'Italie, qui ont déjà réalisé leurs rêves grâce à notre optimisation fiscale, notre transparence, notre légalité et notre service personnalisé de qualité.

Si vous souhaitez créer votre entreprise à Chypre ou avez besoin de conseils personnalisés pour comprendre en profondeur votre situation fiscale, contactez-nous via:

- **Site web:** www.solucionfiscalchipre.com
- **Email:** cyprustaxsolution@gmail.com
- **Téléphone mobile avec WhatsApp:** +357 99953934

4

PROFESSIONS INTÉRESSANTES POUR DÉMÉNAGER À CHYPRE.

Nous gérons une grande variété de clients qui exercent différentes activités économiques dans de nombreux pays de l'Union européenne, cependant, les nomades numériques qui bénéficient de la liberté de travailler depuis n'importe quel endroit, représentent environ 70% de nos clients qui décident de créer leur entreprise à Chypre et de vivre au moins 60 jours par an sur l'île.

Cela est dû à la flexibilité qu'ils ont, car elle leur permet d'explorer de nouvelles cultures et styles de vie sans compromettre leurs carrières ou revenus, faisant ainsi de Chypre, avec son climat agréable, son riche patrimoine culturel, et son régime fiscal favorable pour de nombreux types de travailleurs étrangers et d'entreprises, une destination attrayante pour eux tous.

Certains de nos clients qui sont des nomades numériques se consacrent aux activités suivantes :

- Développement de logiciels et conception web.
- Marketing numérique et gestion des réseaux sociaux.
- Création de contenu sur des sites web tels que YouTube, des plateformes de réseaux sociaux, ainsi que le blogging et la création de cours en ligne.
- Consultation en finances, éducation, thérapies et coaching en ligne.
- Commerce électronique par la vente de produits à l'échelle mondiale sur des plateformes telles qu'Amazon, boutique en ligne et dropshipping.
- Design graphique et animation.
- Programmation et analyse de données.
- Services d'assistance virtuelle.
- Investissement et trading en ligne.
- Développement de jeux vidéo.
- Production musicale et sonore.
- Architecture et design intérieur virtuel.
- Cybersécurité et consulting en TI.

5

MIGRATION D'ENTREPRISE

La planification de la migration d'entreprise en tenant compte de l'année fiscale des juridictions impliquées est essentielle pour assurer une transition sans encombre et efficace pour les entreprises souhaitant se relocaliser ou s'étendre à l'international.

Cette approche facilite non seulement la gestion administrative, mais elle est également cruciale pour optimiser la charge fiscale globale.

Ci-dessous, nous approfondissons l'importance de cette planification et offrons des considérations pratiques pour sa mise en œuvre, en mettant particulièrement l'accent sur la migration au cours des 6 premiers mois de l'année pour éviter la double imposition.

Importance de Planifier en Fonction de l'Année Fiscale:

-**Année fiscale de chaque pays:** Il est crucial de connaître l'année fiscale de la juridiction d'origine et de destination. Par exemple, l'année fiscale en Espagne s'étend du 1er janvier au 31 décembre, tandis que dans d'autres pays, elle peut varier. Chypre, quant à elle, suit également l'année civile à des fins fiscales.

-**Clarté fiscale:** Commencer les opérations dans un nouveau pays au début de son année fiscale fournit une base claire pour la comptabilité et la déclaration des impôts, alignant les activités commerciales avec le cycle fiscal complet du pays de destination.

-**Éviter la double imposition:** Planifier la migration en accord avec les années fiscales permet aux entreprises de réduire de manière significative le risque d'être imposées deux fois sur les mêmes revenus. Effectuer la migration pendant les 6 premiers mois de l'année fiscale peut être particulièrement stratégique, car cela permet à l'entreprise de s'établir dans sa nouvelle résidence fiscale avant que la moitié de l'année fiscale ne soit écoulée, en profitant des traités de double imposition pour attribuer correctement les revenus de l'année en cours.

- **Flux de trésorerie et budget:** Comprendre et planifier selon le cycle fiscal facilite une meilleure gestion du flux de trésorerie et la planification budgétaire, en tenant compte des obligations fiscales et financières dans les deux juridictions.

- **Conformité réglementaire:** L'alignement sur le calendrier fiscal assure une adhésion efficace aux exigences réglementaires et de rapport, simplifiant ainsi la conformité dans de multiples juridictions.

- **Conseil professionnel:** Face à la complexité des lois fiscales internationales et au potentiel de changements législatifs, l'orientation d'un expert en fiscalité est inestimable. Un conseiller peut déterminer le moment optimal pour la migration, maximisant les avantages fiscaux et réduisant les risques.

- **Préparation de la documentation et conformité:** L'anticipation dans la préparation de la documentation et la compréhension des exigences de conformité sont essentielles pour faciliter une transition efficace et éviter les problèmes fiscaux. Nous recommandons donc de traiter la nouvelle création de l'entreprise à Chypre 1 à 2 mois à l'avance.

- **Traitement du Modèle 030 en Espagne:** Correspond au recensement des contribuables - Déclaration de recensement pour l'inscription, le changement d'adresse et/ou la modification des données personnelles. Sa présentation n'est pas obligatoire, mais elle est conseillée. En ce qui concerne le revenu de l'année où vous changez de résidence de votre pays à Chypre, si vous ne présentez pas le modèle 030, vous devrez démontrer et prouver avec la documentation nécessaire que vous n'avez pas été résident fiscal en Espagne ou dans votre pays plus de 183 jours, et que, par conséquent, vous n'avez pas l'obligation de déclarer ce revenu.

- **Inscription à l'ambassade de votre pays à Chypre:**
Cela n'est pas obligatoire, mais il est intéressant de le faire pour poursuivre le processus de dissociation de votre pays d'origine.
Les documents requis pour l'inscription sont :
- Yellow slip + 1 photocopie de celui-ci
- 1 photo d'identité
- Carte d'identité + Passeport + 1 photocopie de ces documents.

6
CRÉATION D'ENTREPRISE.

Avantages : Impôt sur les sociétés à 12,5 %

Durée approximative : De 3 semaines à 1 mois environ.

Informations nécessaires pour le traitement :

-3 noms possibles pour l'entreprise, écrits par ordre de préférence.

Si vous souhaitez accélérer le processus d'environ 7 à 14 jours, vous pouvez le signaler et nous vous montrerons différents noms que le cabinet de conseil a achetés pour que vous puissiez en choisir un et qu'il vous le cède.

-Paragraphe de description de l'entreprise en anglais.

-Photos de la carte d'identité et du passeport.

-Nom du directeur de l'entreprise (il peut y avoir 2 associés comme directeurs).

-Nom du secrétaire de l'entreprise (il peut y avoir seulement un secrétaire).

-S'il y a plusieurs associés-actionnaires, il faut déterminer quel pourcentage d'actions chaque associé détient dans la nouvelle société.

7

YELLOW SLIP.

Le "Yellow Slip" est un document officiel appelé Certificat de Registre Permanent de Résidence pour les Citoyens de l'Union Européenne (Permanent Residence Registration Certificate for European Union Citizens).

Ce document est délivré aux citoyens de l'Union Européenne (UE) et à leurs membres de famille qui résident à Chypre pour une période d'au moins 2 mois par an.

Le "Yellow Slip" est de couleur jaune, d'où son nom informel, et sert de preuve de résidence légale à Chypre pour les citoyens de l'UE et leurs proches directs.

Il permet aux titulaires d'accéder à une série de droits et de services à Chypre, tels que les soins médicaux publics, l'éducation publique et l'emploi.

Au moment où l'entreprise est créée, nous pouvons traiter les Yellow Slips.

C'est une démarche pour laquelle vous devez vous rendre en personne au bureau de l'immigration à Nicosie (Chypre), et vous serez accompagné par un employé du cabinet de conseil qui vous guidera et vous aidera à tout moment.

Vous serez informé lorsque vous aurez votre rendez-vous et avec votre accord, le jour et l'heure seront confirmés pour que vous assistiez en personne.

Informations nécessaires pour la procédure :

-3 mois de relevés bancaires de votre compte personnel : Il est recommandé de montrer un revenu minimum de 1500 € par mois.

-3 tickets d'achats effectués à Chypre et le relevé bancaire correspondant : Supermarché, café, repas au bar, taxi, etc.

-Copie du passeport.

-Preuves de revenus salariaux : 3 relevés bancaires montrant l'entrée des salaires ou un contrat de travail.

-Assurance santé : Si le client n'en a pas, le cabinet de conseil l'aidera à en obtenir une pour environ 200 €, couvrant les garanties minimales nécessaires pour sa validation. En plus de la documentation du contrat, les conditions de l'assurance indiquant les couvertures souscrites doivent être envoyées.

-Numéro de téléphone : Il peut être de votre pays d'origine ou de Chypre si vous en avez un.

-Contrat de location d'un an pour le logement loué à Chypre.

8

NON-DOMICILIÉ.

C'est un régime fiscal spécial qui permet à ceux qui ne sont pas résidents fiscaux de Chypre de bénéficier d'avantages fiscaux significatifs.

Sous ce régime, les individus considérés comme "non domiciliés" à Chypre peuvent réduire les impôts sur les revenus étrangers (tous les revenus provenant de l'extérieur de Chypre).

Une fois le Yellow Slip traité, nous pouvons traiter le statut de Non-Domicile.

Vous recevrez le permis de Non-Domicile approximativement au début de l'année suivante.

Les autorités fiscales vérifieront si vous avez séjourné à Chypre pendant 60 jours et pas plus de 183 jours dans un autre pays.

Elles vous demanderont également des relevés bancaires pour toute l'année, ainsi qu'une analyse Excel de tous vos voyages dans le monde avec les cartes d'embarquement.

Avantages :

-Paiement de dividendes à 2,65 % jusqu'à 180 000 €. Tout ce qui dépasse 180 000 € est exonéré d'impôts.

-Un contrat est établi avec le gouvernement chypriote pour maintenir ces conditions pendant 17 ans.

-Il est seulement nécessaire de vivre 60 jours à Chypre pour obtenir la résidence et les avantages fiscaux.

Considérations importantes :

Si vous vivez à Chypre et vous considérez comme résident fiscal de ce pays, vous devez faire attention à ne pas passer plus de 183 jours en Espagne pour plusieurs raisons :

-**Statut de résidence fiscale :** En passant plus de 183 jours en Espagne, vous devenez automatiquement résident fiscal espagnol selon la législation espagnole, ce qui signifie que vos revenus mondiaux seront soumis à l'imposition en Espagne. En tant que résident fiscal en Espagne, vous devrez déclarer et payer des impôts non seulement sur les revenus générés en Espagne, mais aussi sur tout revenu obtenu dans d'autres pays, y compris Chypre.

-**Double imposition :** Bien que l'Espagne et d'autres pays membres de l'Union européenne aient un traité de double imposition avec Chypre pour éviter que leurs citoyens paient des impôts deux fois sur le même revenu, la gestion de ces crédits fiscaux peut être complexe et n'élimine pas nécessairement entièrement la charge fiscale. Vous pourriez vous retrouver dans une situation où vous devez déposer des déclarations fiscales dans les deux pays et naviguer dans le processus de réclamation des crédits fiscaux pour les impôts payés dans l'autre pays, ce qui peut être un processus compliqué et pourrait entraîner un paiement d'impôts plus élevé que prévu.

-**Critères supplémentaires :** En Espagne et dans d'autres pays de l'Union européenne, d'autres facteurs sont également pris en compte pour déterminer la résidence fiscale, tels que le centre des intérêts économiques, le lieu où se trouvent votre femme et vos enfants, et si vous avez une résidence permanente à disposition dans votre pays d'origine (qu'il s'agisse d'une location ou d'une propriété). Cela signifie que même si vous passez moins de 183 jours en Espagne, vous pourriez encore être considéré comme résident fiscal si le gouvernement peut démontrer que vos liens économiques ou personnels sont plus forts avec votre pays d'origine qu'avec tout autre pays.

Par conséquent, vous ne devez pas avoir d'intérêts économiques ou familiaux dans votre pays d'origine, et en outre, vous ne devez pas avoir de logement loué ou, s'il vous appartient, vous devez le louer à des tiers.

-Éviter la Double Imposition : Pour éviter de devenir résident fiscal dans les deux pays et faire face à la double imposition, il est important de planifier soigneusement vos séjours dans votre pays d'origine et à Chypre. Maintenir un registre détaillé de votre présence dans chaque pays et chercher des conseils fiscaux professionnels est essentiel.

Informations nécessaires pour le traitement :

-Photo des Yellow Slips.

-L'identification (DNI) et le passeport de vos parents.

-Votre certificat de naissance.

-Contrat original de location de logement à Chypre :
Il doit être envoyé par courrier ordinaire aux bureaux centraux ou remis en main propre à l'employé du cabinet de conseil lorsqu'on se rend personnellement à Nicosie pour traiter les Yellow Slips.

-Documents de vol : Facture, réservation de vol, carte d'embarquement de l'aéroport.

-Avis important : La carte d'embarquement est un document très important. Chaque fois que vous voyagez dans un autre pays, il est nécessaire de conserver le document d'embarquement, car il est possible qu'à la fin de l'année, l'Administration publique de Chypre le demande pour vérifier que vous avez passé au moins 60 jours dans le pays.

9
PROCÉDURE :
NON CITOYEN DE L'UNION EUROPÉENNE.

Toutes les personnes qui ne sont pas citoyens des pays membres de l'Union Européenne et qui souhaitent créer leur entreprise à Chypre et y établir leur résidence fiscale doivent traiter la "Résidence temporaire" ou la "Résidence permanente".

Résidence temporaire.

Le permis de résidence temporaire à Chypre, appelé Pink Slip, permet aux détenteurs de passeports non européens de prolonger leur séjour à Chypre pour plus de 3 mois (90 jours). Il permet également aux touristes et visiteurs de prolonger leur séjour quelle que soit la durée de leur visa initial. Ils doivent déposer leur demande avant l'expiration de leur visa actuel.

Avantages :

- Peut prolonger le séjour à Chypre pour les non-européens jusqu'à un an sans nécessité de visa.
- Peut être renouvelé.
- Les familles peuvent soumettre leur demande en même temps ; chaque membre de la famille remplit un formulaire de demande séparé et obtient une résidence temporaire.

Exigences :

- Louer une maison ou un appartement à Chypre pendant un an.
- Besoin de prouver un montant adéquat supérieur à 5 000 € par personne physique.
- Pour traiter les enfants d'une famille, il faut prouver que les parents sont mariés.

Restrictions :

- Le demandeur doit rester à Chypre pendant au moins un total de 90 jours au cours d'une année complète, mais ce temps ne doit pas nécessairement être consécutif. De plus, il peut voyager pendant environ 9 mois dans tout autre pays de son choix, mais il ne peut pas rester plus de 3 mois au même endroit. Le seul pays où il peut rester toute l'année ou plus de 3 mois consécutifs par an est Chypre.
- Il n'y a pas de droit de travailler à Chypre.
- Il est accordé uniquement aux citoyens non européens qui souhaitent prolonger leur séjour à Chypre.
- Valable pour un an, renouvelable chaque année.

Documents :

- Formulaire de demande de permis de séjour temporaire à Chypre.
- Contrat de location d'un an ou contrat de vente d'une maison ou d'un appartement.
- Assurance santé.
- Copie du passeport.
- Copie du passeport ou d'un autre document de voyage, indiquant la dernière arrivée dans la République de Chypre et le visa correspondant.
- Copie de l'acte ou du certificat de mariage dûment certifié et traduit.
- Actes de naissance des enfants dûment certifiés et traduits.

- Certificat de casier judiciaire original.
- Analyses médicales originales (hépatites B et C, VIH, syphilis, ainsi qu'une radiographie thoracique pour la tuberculose avec un avis médical, scellée par un médecin spécialiste de la République de Chypre).
- Relevé bancaire d'un compte bancaire à l'étranger montrant un montant adéquat de fonds ou de revenus stables provenant de diverses sources telles que pension, dividendes, salaire en dehors de Chypre, intérêts sur les dépôts …
- Certificat d'une institution bancaire à Chypre ou relevé bancaire montrant des transferts de l'étranger à cette institution pour une valeur minimale de 5 000 € pour chaque personne demandant une résidence temporaire.
- Lettre originale de garantie bancaire émise par une banque à Chypre. (Il faut laisser un dépôt à la banque pendant la durée de la résidence temporaire).

Le délai de traitement pour que la banque émette les garanties bancaires est de 1 à 2 jours.

Dépôts :

1. Pays d'Europe de l'Est, Russes et autres comme les citoyens du Royaume-Uni = 550 €
2. Pays du Moyen-Orient = 350 €
3. Pays asiatiques/américains = 850 €

La procédure prend généralement 10 jours ouvrables pour obtenir tous les documents et déposer la demande. Ensuite, l'individu ou la famille fixera un rendez-vous pour que l'immigration puisse collecter des données biométriques.

Résidence permanente.

Il y a 2 voies et elle est valide à vie, sans nécessité de renouvellement.

Il n'est pas nécessaire de résider à Chypre ni avant, ni pendant, ni après la demande.

La seule exigence est que le demandeur visite Chypre une fois tous les deux ans, contrairement à d'autres pays européens qui exigent une résidence d'au moins 3 mois par an.

Elle peut également être émise à :

- Conjoints.
- Enfants à charge de moins de 18 ans.
- Parents.

Il y a 2 options :

Voie rapide (environ 2-3 mois).

- Le principal requis est l'achat d'un bien immobilier à Chypre pour une valeur totale de marché d'au moins 300 000 € + TVA 5%.

Le demandeur devra présenter le formulaire de demande accompagné d'un contrat de vente et d'une preuve de paiement d'au moins 200 000 € + TVA.

Le contrat de vente doit avoir été déposé au Département des Terres et des Études de Chypre.

-Il faut démontrer qu'il existe des revenus annuels à l'étranger.

-Il faut déposer 30 000 € dans un compte d'une banque chypriote sans les retirer, au moins pendant 3 années consécutives.

Voie normale (12-18 mois).

-Le principal requis est l'achat d'un bien immobilier à Chypre sans valeur spécifique. Le demandeur devra présenter le formulaire de demande accompagné d'un contrat de vente et d'une preuve de paiement.

-Le contrat de vente doit avoir été déposé au Département des Terres et des Études de Chypre.

-Il faut démontrer qu'il existe des revenus annuels à l'étranger.

-Il faut avoir un compte bancaire ouvert auprès d'une entité chypriote.

Exigences supplémentaires pour demander la résidence permanente :

- Présenter un certificat de casier judiciaire vierge pour tous les membres de la famille qui sont co-demandeurs.

- Le demandeur ne doit accepter aucun emploi ni exercer aucune profession ou occupation à Chypre et doit présenter un formulaire spécial (déclaration) confirmant qu'il n'a pas l'intention de travailler ou d'être employé sous quelque forme que ce soit dans une entreprise à Chypre.

- Présenter une copie du passeport valide.

- Présenter des preuves de revenus stables provenant de l'étranger, de propriété à l'étranger et un extrait de compte bancaire chypriote.

- Présenter une copie du permis de résidence temporaire valide (si le demandeur réside à Chypre).

- Présenter un curriculum vitae (y compris les qualifications académiques) et tous les diplômes avec diplômes.

-Preuve d'assurance médicale à Chypre.

-Être présent auprès des autorités d'immigration pour obtenir des données biométriques dans un délai d'un an à partir du jour où l'approbation a été obtenue.

-Revenus annuels minimaux de 30 000 € provenant de salaires de l'étranger, pensions, participations dans des actions, loyers...
Les revenus annuels minimaux augmentent de 5 000 € pour chaque personne à charge.

-Tous les documents doivent être traduits en anglais ou en grec et certifiés par un notaire.

Questions fréquentes :

-Les titulaires de résidence permanente sont-ils obligés de payer des impôts chypriotes sur leurs revenus internationaux ?
Non, à moins qu'ils ne passent plus de 183 jours à Chypre par an. Il existe d'importantes avantages fiscaux pour les étrangers qui deviennent résidents fiscaux de Chypre.

-Quelle est la procédure pour qu'un titulaire de Résidence Permanente demande la Citoyenneté en fonction des années de séjour ? L'investisseur doit avoir complété 7 années de résidence légale à Chypre avant la date de la demande et avoir résidé légalement et continuellement à Chypre pendant les 12 mois précédant la date de la demande.

-Qui sont considérés comme enfants adultes économiquement dépendants ?
Les enfants célibataires âgés de 18 à 25 ans, qui prouvent être étudiants universitaires pendant au moins 6 mois après la date de demande.

-Que se passe-t-il si on a besoin de la Résidence Permanente "à vie" pour les dépendants ? Les enfants qui sont économiquement dépendants, peuvent présenter une demande séparée pour obtenir la Résidence Permanente "à vie". Dans ce cas, les parents devront justifier des revenus supplémentaires d'au moins 5 000 €
pour chaque enfant à charge.

La Résidence Permanente "à vie" restera valide même après que l'enfant ait atteint l'âge de 25 ans et même s'il n'est plus célibataire et/ou étudiant et/ou économiquement dépendant. Cependant, la Résidence Permanente "à vie" ne sera pas transmissible aux générations suivantes.

10

INSCRIPTION À LA TVA DE L'ENTREPRISE + INSCRIPTION FISCALE DE L'ENTREPRISE + INSCRIPTION DE LA GESTION DE L'ENTREPRISE.

-Inscription à la TVA de l'entreprise (TIC)

Il s'agit du processus par lequel une entreprise s'enregistre auprès de l'autorité fiscale compétente pour obtenir un numéro d'identification à la TVA (Taxe sur la Valeur Ajoutée).

Ce numéro est nécessaire pour que l'entreprise puisse collecter la TVA sur les ventes de biens et services et déduire la TVA payée sur ses achats.

Il est essentiel pour se conformer aux lois fiscales.

Cela permet à l'entreprise d'opérer légalement en collectant la TVA et en respectant les obligations de déclaration et de paiement envers les autorités fiscales.

Pour procéder à l'enregistrement de la TVA de l'entreprise, il est nécessaire de remplir une facture modèle dans laquelle la nouvelle entreprise de Chypre fournit des services à une entreprise de l'Union européenne pour un montant de 100 €.

Il n'est pas nécessaire que la facture soit réelle.

Nous vous enverrons le modèle de facture pour que vous le remplissiez avec vos données afin que vous nous le renvoyiez.

-Inscription Fiscale de l'Entreprise

Ce processus implique d'enregistrer l'entreprise auprès de l'autorité fiscale pour se conformer à toutes les obligations fiscales corporatives, au-delà de la TVA.

Cela inclut les impôts sur le revenu, les impôts sur les salaires, et tout autre impôt d'entreprise pertinent.

Cela assure que l'entreprise soit reconnue par les autorités fiscales et soit en position de respecter ses obligations fiscales, y compris le paiement des impôts d'entreprise et la présentation des déclarations fiscales.

Au moment où le Yellow Slip est traité, nous pouvons procéder à l'enregistrement du TIC Entreprise.

Nous vous informerons lorsque le département des impôts vous enverra par courrier électronique les numéros fiscaux et d'identification de l'entreprise.

Vous devrez nous renvoyer cet email que vous recevrez dans un délai maximum de 2 heures pour éviter son expiration et pour que nous puissions continuer avec la procédure du TIC ENTREPRISE.

Informations nécessaires pour la procédure :

-Courriel de votre entreprise.

-Inscription à la Gestion de l'Entreprise

C'est l'enregistrement de l'entreprise en ce qui concerne la gestion interne ou les informations des directeurs et administrateurs auprès des autorités réglementaires ou commerciales.

Cela inclut la présentation de documents qui détaillent la structure de l'entreprise, ses directeurs et tout changement significatif dans la gestion.

Cela facilite la transparence et la conformité réglementaire, permettant aux parties prenantes, y compris les banques, les investisseurs et les autorités réglementaires, d'accéder à des informations vitales sur la gestion et la structure de l'entreprise.

11
INSCRIPTION FISCALE PERSONNELLE

L'"Inscription Fiscale Personnelle" à Chypre désigne le processus par lequel un individu s'enregistre auprès de l'autorité fiscale du pays pour se conformer à ses obligations fiscales personnelles.

Cet enregistrement est nécessaire pour toute personne ayant des revenus imposables à Chypre, y compris les résidents ainsi que certains non-résidents qui génèrent des revenus dans le pays.

Une fois enregistré, l'individu reçoit un numéro d'identification fiscale (TIN, Tax Identification Number) qu'il doit utiliser lors de toutes ses transactions et communications avec l'autorité fiscale.

Ce numéro est essentiel pour la déclaration des impôts sur le revenu, le paiement des impôts et pour se conformer à d'autres obligations fiscales personnelles.

Qui doit s'enregistrer ?

-Résidents fiscaux à Chypre : Sont considérées comme résidents fiscaux les personnes qui passent plus de 183 jours dans le pays pendant l'année fiscale. Ces individus sont imposables sur leur revenu mondial.

-Non-résidents avec des revenus à Chypre : Ceux qui ne remplissent pas le critère de résidence mais qui génèrent des revenus à Chypre à travers diverses sources, telles que l'emploi, les locations ou les affaires. Ils doivent également s'enregistrer pour se conformer aux obligations fiscales associées à ces revenus.

L'inscription pour l'impôt personnel est cruciale pour plusieurs raisons :

-Conformité légale : Assure que l'individu respecte les lois fiscales de Chypre, évitant ainsi des sanctions et des amendes.

-**Déclaration et paiement des impôts :** Facilite la soumission en temps opportun des déclarations de revenus et le paiement de tout impôt dû.

-**Bénéfices et déductions fiscales :** Permet au contribuable de réclamer toute déduction, crédit ou avantage fiscal auquel il a droit.

-**Transactions financières :** Un numéro d'identification fiscale est souvent nécessaire pour diverses transactions financières et légales dans le pays.

Dès que le Yellow Slip est traité, nous pouvons procéder à l'enregistrement du TIC Personnel.

Nous vous informerons lorsque le département des impôts vous enverra par courriel les numéros fiscaux et d'identification personnelle.

Vous devrez nous renvoyer ce courriel dans un délai maximum de 2 heures avant qu'il n'expire afin que nous puissions continuer avec la procédure du TIC PERSONNEL.

Le numéro de TIC de la personne physique vous sera envoyé par courriel indiqué, donc le cabinet de conseil n'a pas à envoyer de documents supplémentaires au client.

Informations nécessaires pour la procédure :

-Courriel personnel ou différent de celui de l'entreprise.
-Numéro de téléphone du pays d'origine ou de Chypre.
-Photos du passeport.
-Photos du document d'identité.
-Facture de services publics (eau ou électricité) du pays d'origine avant de résider à Chypre.
-Photo Selfie actuelle : Requise comme preuve pour la demande.
-Photo du numéro de sécurité sociale (SIP dans le cas de l'Espagne).

12

TVA INTRACOMMUNAUTAIRE OU TRANSFRONTALIÈRE (INCLUT VIES).

La TVA intracommunautaire ou transfrontalière se réfère au régime de la Taxe sur la Valeur Ajoutée (TVA) applicable aux transactions de biens et services entre les pays membres de l'Union Européenne (UE).

Ce système est conçu pour faciliter le commerce au sein du marché unique européen, permettant un traitement fiscal efficace et simplifié des opérations commerciales transfrontalières entre entreprises enregistrées dans différents États membres.

Le système VIES (Système d'Échange d'Informations sur la TVA) joue un rôle central dans ce processus.

Qu'est-ce que le VIES ?

Le Système d'Échange d'Informations sur la TVA (VIES) est une base de données maintenue par la Commission Européenne qui permet aux autorités fiscales des États membres de l'UE de vérifier la validité des numéros de TVA des entreprises réalisant des transactions intracommunautaires.

Son principal objectif est de prévenir la fraude fiscale dans le commerce entre les pays de l'UE et de faciliter les opérations exemptes de TVA pour les entreprises enregistrées.

Dès que l'"Inscription TVA Entreprise" est traitée, nous pouvons procéder à l'enregistrement VIES.

Il y a 4 cas à prendre en compte pour l'application de la TVA intracommunautaire :

-Si votre client (entreprise ou particulier) possède un numéro de TVA européen, alors la TVA est à 0 %.

-Si votre client (entreprise ou particulier) est situé hors de l'Union Européenne, la TVA est à 0 %.

-Si votre client (entreprise ou particulier) est dans l'Union Européenne et n'a pas de numéro de TVA, un taux de 19 % s'applique.

-Si votre client est une entreprise chypriote, le taux applicable est de 19 %.

13

SALAIRE.

Voici les 2 options les plus intéressantes concernant le choix du salaire mensuel à vous attribuer :

a) Vous pouvez percevoir un salaire mensuel sous forme d'honoraires de consultation.

Vous pouvez recevoir un montant de 15600 € annuels (1300 € mensuels) comme salaire, mais cela doit être considéré comme des honoraires de consultation et lorsque vous transférez ces montants, dans la description pour la banque, vous devez indiquer que ce sont des "honoraires de consultation", et non un salaire.

Exemple de libellé pour le transfert : "Pedro López Consultancy Fees March 2024".

L'impôt correspondant pour les 15600 € annuels est de 2.65% à la fin de l'année, reflété dans le paiement des dividendes de l'entreprise au partenaire-actionnaire.

Il n'est pas nécessaire de payer une cotisation d'indépendant ni de retenue sur salaire ou d'IRPF.

Il est important de souscrire à une assurance santé complète pouvant coûter entre 300 et 600 € par an puisque cette option ne couvre pas les frais médicaux publics ni la pension.

b) Vous pouvez percevoir un salaire mensuel conventionnel.

Pour pouvoir obtenir un numéro de Sécurité Sociale, vous devez être enregistré au département de la Sécurité Sociale de Chypre en tant qu'employé de votre entreprise.

Vous serez obligé de payer des contributions sur le salaire chaque mois.

Exemple : 1000 € (salaire) x 26,85 % (taux) = 268,50 € de contribution chaque mois.

Dans le virement mensuel, vous devez le décrire comme salaire.

Pour avoir droit au plan de retraite, vous devez être couvert par la sécurité sociale pendant 15 ans à Chypre et accumuler 33 1/3 unités.

14

IP BOX

Les entreprises peuvent bénéficier d'un traitement fiscal plus favorable sur les revenus dérivés de la propriété intellectuelle, tels que les brevets, les droits d'auteur, les marques déposées, les dessins industriels...

En pratique, la procédure de l'IP BOX consiste en la réalisation et l'approbation d'un projet que nous réalisons sur un logiciel utile et original sur mesure pour votre entreprise, qui doit être utilisé pour votre activité économique conventionnelle.

Si vous avez un logiciel, vous remplirez un questionnaire à ce sujet, et si vous n'en avez pas, nous vous aiderons à créer un projet et nous vous guiderons dans tout ce qui est nécessaire, pour ensuite le présenter à l'Administration Publique Chypriote et s'assurer qu'il répond à toutes les conditions requises.

L'IP BOX prend environ 2 mois (réalisation de la Résolution et réponse du département fiscal), mais il faut ajouter 2-3 semaines pour le deuxième enregistrement de création d'entreprise, qui est totalement nécessaire pour traiter l'IP BOX.

Avantages : Il y a une réduction de l'impôt sur les sociétés, passant de 12,5% à 2,50%, pour toute activité économique traitée via le logiciel.

Pour bénéficier des avantages fiscaux, il est nécessaire de créer une deuxième entreprise à Chypre pour bénéficier de l'IP BOX, et ainsi la première entreprise qui facture les revenus et les dépenses transfère les bénéfices à cette nouvelle entreprise pour qu'elle les gère en tant que propriété intellectuelle.

Le numéro de TVA (VAT number) sera commun à la fois pour la première entreprise créée à Chypre et pour la deuxième entreprise créée à Chypre, qui dispose de l'IP BOX.

Il est nécessaire d'ouvrir un nouveau compte bancaire pour la deuxième entreprise qui disposera de l'IP BOX.

Informations nécessaires pour la création de la 2ème entreprise disposant de l'IP BOX :

-3 noms possibles pour l'entreprise, écrits par ordre de préférence.

Si vous souhaitez accélérer le processus d'environ 7 à 14 jours, vous pouvez nous le faire savoir et nous vous montrerons différents noms que le cabinet de conseil a achetés pour que vous en choisissiez un et que nous puissions vous le céder.

-Paragraphe de description de l'entreprise en anglais.

-Photos de la carte d'identité et du passeport.

-Nom du directeur de l'entreprise (il peut y avoir 2 associés en tant que directeurs).

-Nom du secrétaire de l'entreprise (il peut y avoir un seul secrétaire).

-S'il y a plusieurs associés-actionnaires, il faut déterminer le pourcentage d'actions de chacun dans la nouvelle société.

Enfin, pour traiter le TIN de cette nouvelle entreprise, nous avons besoin de :

-Nouvelle adresse email.

15

COMPTABILITÉ

En fonction du volume de vos factures, tickets, etc., et de la complexité de votre comptabilité, le prix approximatif varie de 1500€ à 3000€ par an, hors TVA, qui est de 19%.

Ce prix inclut la comptabilité de l'entreprise et de la personne individuelle.

De plus, il faut ajouter 1000€ annuels pour les frais d'audit, car à Chypre, c'est obligatoire, hors TVA.

La comptabilité est présentée chaque trimestre.

Procédure à suivre :

Dans les 5 à 10 premiers jours après la fin du trimestre comptable en cours, un email doit être envoyé à la personne assignée du département de comptabilité avec tous les tickets, factures, etc., de revenus et dépenses, ainsi qu'un relevé bancaire détaillé de tous les mouvements du trimestre. Le cabinet de conseil a légalement 1 mois et 10 jours après la fin du trimestre pour présenter votre comptabilité.

Dépenses déductibles :

Téléphone, internet, informatique, imprimerie, papeterie, repas pour une ou plusieurs personnes (repas et dîners au restaurant ou au bar), essence, dépenses alimentaires en supermarché à l'extérieur de Chypre, taxi, hôtel, vols, voyages complets...

16

INVESTISSEMENT : CRYPTOMONNAIES, ETF, TRADING, BOURSE...

Chypre a été considérée comme une destination attrayante pour les investisseurs et les entreprises, grâce à son régime fiscal avantageux, son appartenance à l'Union Européenne et sa position stratégique entre l'Europe, l'Asie et l'Afrique.

Voici une explication sur la situation concernant les cryptomonnaies, les ETFs, le trading et la bourse.

Cryptomonnaies :

Le traitement fiscal des cryptomonnaies à Chypre a été en cours de clarification, tout comme dans de nombreux autres pays.

La détention et l'investissement en cryptomonnaies n'étaient pas explicitement réglementés, mais les revenus générés par des activités commerciales liées aux cryptomonnaies étaient considérés comme assujettis à l'impôt comme tout autre gain commercial ou d'investissement.

Cela implique que les gains en capital ainsi que les revenus provenant des activités de trading de cryptomonnaies sont soumis à l'impôt sur les sociétés et à la distribution de bénéfices.

–Impôt sur les Sociétés : Les entreprises qui réalisent des activités de trading de cryptomonnaies sont soumises à l'impôt sur les sociétés standard à Chypre, qui est de 12,5 %, mais cela peut être optimisé avec l'IP BOX à seulement 2,50 %, l'un des plus bas de l'Union Européenne.

–Distribution de dividendes : Pour les individus, la distribution de bénéfices est de 2,65 %.

ETFs, Trading et Bourse :

La fiscalité sur les investissements dans les ETFs, actions et autres instruments financiers à Chypre est structurée autour de l'impôt sur les sociétés pour les entreprises, et pour les individus, l'impôt sur les gains en capital.

-**Impôt sur les sociétés :** Les gains en capital issus de la vente de titres, actions, obligations et autres valeurs cotées sur n'importe quelle bourse sont exonérés de l'impôt sur les gains en capital. Cependant, il existe des exceptions et des conditions spécifiques, il est donc important de consulter un conseiller fiscal.

-**Dividendes :** Chypre dispose d'un régime fiscal favorable pour la taxation des dividendes. Les dividendes reçus par les sociétés chypriotes de leurs investissements sont exempts d'impôt sur les sociétés et soumis à une contribution de 2,65 %.

-**Intérêts :** Les intérêts générés par les investissements (qui ne sont pas des intérêts générés dans le cadre normal des affaires) sont soumis à l'impôt de répartition des bénéfices de 2,65 %.

17
COMPTES BANCAIRES.

Pour choisir la banque pour l'entreprise et également pour le particulier, nous vous indiquons les options suivantes :

a) Néobanques :

C'est la meilleure option car elles ont des frais très bas et vous pouvez opérer sans problèmes à Chypre.

Voici les plus intéressantes pour un **compte d'entreprise :**

- Revolut : C'est la meilleure option pour les services qu'elle offre. De plus, ils assurent jusqu'à 100 000 € de votre capital en cas de faillite.
- Worldfirst
- Airwallex
- Icard
- Vivawallet

Voici les banques les plus intéressantes pour un **compte particulier :**

- Revolut : C'est la meilleure option pour les services qu'elle offre. De plus, ils assurent jusqu'à 100 000 € de votre capital en cas de faillite.
- Blackcatcard
- Wirex
- Tap
- Broker : Freedom Finance
- Broker : Etoro

b) Banques traditionnelles à Chypre :

Pour ouvrir un compte, il faut traiter pas mal de documentation avec ces banques et les frais bancaires sont peu attrayants pour le service qu'elles offrent.

Voici les plus intéressantes pour un **compte d'entreprise et particulier :**

-Eurobank.
-Bank Of Cyprus.

Si vous souhaitez recevoir plus d'informations ou ouvrir un compte dans l'une de ces banques, faites-le nous savoir et nous vous enverrons toute la documentation nécessaire à cet effet.

Si vous décidez de souscrire à l'une de ces banques traditionnelles, une personne spécialisée du cabinet de conseil vous aidera dans cette démarche.

18

IMMOBILIER : LOCATION ET ACHAT DE LOGEMENT.

Portails internet où trouver un logement à louer ou à acheter à Chypre :

1. Holprop
2. Properstar
3. Portal Bazaraki.com
4. Facebook Market Place

Agences immobilières.

Nous disposons d'une agence immobilière de confiance qui offre un service de qualité sur tout le territoire de Chypre.

De plus, ils peuvent envoyer une vidéo du bien qui vous intéresse puis réaliser une vidéoconférence de ce même bien pour votre sécurité si vous souhaitez louer la propriété depuis votre pays d'origine et disposer immédiatement du logement de location lorsque vous arrivez à Chypre.

Si vous êtes intéressé par l'étude des biens qu'ils ont disponibles, sans aucun engagement, faites-le nous savoir et nous vous mettrons en contact avec eux.

Achat de biens immobiliers.

Il faut prendre en compte l'information suivante :

La banque émettrice du paiement doit être une banque physique, de préférence faisant partie du réseau SWIFT, donc le paiement de l'achat de la propriété ne peut pas être réalisé depuis un Néobanque.

Cela est dû aux exigences des banques à Chypre, car elles réalisent des procédures de diligence raisonnable pour vérifier la source des fonds.

Pour réaliser l'achat-vente du logement, le processus prend généralement entre 3 et 4 mois environ.

Autres possibilités :

Si vous êtes intéressé par la location d'une chambre dans un appartement, pour résider seulement 2 mois par an et bénéficier de tout le système fiscal de Chypre, nous offrons également ce service, il vous suffit de nous le demander.

Points à considérer :

L'adresse physique de la première propriété louée ou achetée doit être au nom de la personne physique comme résident à Chypre pour des raisons de résidence fiscale.

Le nom de l'entreprise peut également figurer sur le contrat de location, mais il est indispensable que le nom et le numéro d'identification de la personne physique apparaissent.

Vous pourrez déduire en tant que dépense 20 % du montant du loyer pour chaque associé de l'entreprise, même si le contrat est au nom d'une personne physique.

L'entreprise peut payer le montant total des factures et les classer comme dépenses, cependant, si les factures sont au nom de l'entreprise, vous pouvez réclamer la totalité du montant de la TVA, mais si elles sont à votre nom personnel, vous ne pouvez réclamer que 1/3 du montant de la TVA.

19
MISE EN SERVICE DE L'ÉLECTRICITÉ.

À Chypre, dans tous les biens immobiliers en location, le locataire doit mettre en service l'électricité lorsqu'il emménage.

L'électricité est mise en service le même jour où l'on accède au bien.

Le propriétaire accompagne généralement le locataire pour effectuer cette démarche.

Une fois le service d'électricité contracté, le courant est fourni le même jour.

Pour souscrire au service d'électricité, il faut payer une caution de 200 € à l'administration publique chypriote sur place où le service est contracté, qui est remboursée lorsque l'on quitte le logement.

La facture d'électricité est payable tous les deux mois.

Pour des raisons de résidence fiscale, le service d'électricité doit être au nom de la personne physique.

En ce qui concerne les frais d'électricité, comme ils seront à votre nom en tant que personne physique, vous pourrez déduire comme dépense 1/3 du montant total en tant que dépense d'entreprise.

L'entreprise peut payer le montant total des factures et les classer comme dépenses, mais si les factures sont au nom de l'entreprise, elle peut réclamer la totalité du montant de la TVA, en revanche, si elles sont à votre nom, elle ne peut réclamer que 1/3 du montant de la TVA.

20
MISE EN SERVICE DE L'EAU.

À Chypre, dans tous les biens immobiliers en location, le locataire doit mettre en service l'eau lorsqu'il emménage.

L'eau est mise en service le même jour où l'on accède au bien.

Le propriétaire accompagne généralement le locataire pour effectuer cette démarche.

Une fois le service d'eau contracté, le courant est fourni le même jour.

Pour souscrire au service d'eau, il faut payer une caution de 200 € à l'administration publique chypriote sur place où le service est contracté, qui est remboursée lorsque l'on quitte le logement.

La facture d'eau est payable tous les trois mois.

Pour des raisons de résidence, le service d'eau doit être au nom de la personne physique.

En ce qui concerne les frais d'eau, comme ils seront à votre nom en tant que personne physique, vous pourrez déduire comme dépense 1/3 du montant total en tant que dépense d'entreprise.

L'entreprise peut payer le montant total des factures et les classer comme dépenses, mais si les factures sont au nom de l'entreprise, elle peut réclamer la totalité du montant de la TVA, en revanche, si elles sont à votre nom, elle ne peut réclamer que 1/3 du montant de la TVA.

21
ASSURANCES : SANTÉ ET VÉHICULE.

Nous disposons du contact d'une agence d'assurances de confiance spécialisée dans les services aux étrangers, qui propose des assurances sur tout le territoire de Chypre.

Si vous êtes intéressé par un devis, informez-nous et nous vous mettrons en contact avec eux.

Questions fréquentes sur l'assurance santé :

-L'assurance santé peut être payée en 12 versements annuels.

-Avec l'assurance santé habituelle, après avoir obtenu une carte ou une police, vous pouvez l'utiliser dans leur réseau d'établissements médicaux. Cependant, en cas d'urgence, vous devez vous rendre directement à l'hôpital le plus proche. Toute autre procédure doit être préalablement autorisée.

-Il n'est pas possible d'inclure deux personnes ou plus dans une même police d'assurance santé, car ce sont des polices individuelles.

-En ce qui concerne les "50€ de franchise obligatoire", cela signifie que les 50 euros sont un paiement unique pour le premier service médical, après quoi l'assurance couvrira jusqu'à la limite contractée.

-Si nous choisissons l'option "Zone 3 - Chypre, Europe, Israël", l'assurance couvrira les procédures dans l'une des trois régions, mais seulement jusqu'au prix que coûterait la procédure à Chypre.

-Nous devons payer les frais médicaux nous-mêmes et ensuite l'assurance nous rembourse sur notre compte bancaire le montant jusqu'à la limite de l'assurance si nous choisissons un médecin hors du réseau d'établissements inclus dans l'assurance, mais au sein du réseau, il suffit de montrer votre carte ou police.

Pour demander un devis d'assurance santé, il est nécessaire de fournir les données suivantes :

-Nom de l'assuré.
-Date de naissance.
-Nationalité.
-Numéro d'identification (DNI).
-Numéro de passeport.
-Adresse complète du domicile à Chypre.
-Occupation.

Pour obtenir un devis pour l'assurance automobile, vous devez fournir les informations suivantes :

-Véhicule.
-Plaque d'immatriculation.
-Valeur du véhicule.
-Couvertures à souscrire.
-Date de début de l'assurance.

-Nom du propriétaire du véhicule.
-Numéro d'identification (DNI).
-Adresse complète à Chypre.

-Nom du conducteur principal.
-Date de naissance.
-Nationalité.
-Numéro d'identification.
-Numéro de passeport.
-Date du permis de conduire.
-Adresse complète à Chypre.

-Nom du conducteur occasionnel.
-Date de naissance.
-Nationalité.
-Numéro d'identification.
-Numéro de passeport.
-Date du permis de conduire.
-Adresse complète à Chypre.

-Titulaire de la police d'assurance (Souscripteur).
-Nom.
-Numéro d'identification.
-Date de naissance.
-Nationalité.
-Date du permis de conduire.

-Compagnie d'assurances dans le pays d'origine qui est en vigueur.
-Numéro de police.
-Modèle de véhicule.
-Plaque d'immatriculation.

Avis important : Il est très important de fournir le document de bonus de non-sinistralité du souscripteur de votre compagnie actuelle afin qu'ils puissent appliquer un bonus et effectuer l'assurance sans problème. Sans ce document, la plupart des compagnies d'assurances à Chypre refusent de réaliser l'assurance. Vous pouvez demander ce document à votre compagnie d'assurances dans votre pays d'origine et ils vous l'enverront sans aucun coût.

Pour souscrire à l'assurance automobile, la compagnie demande :

-Copie du passeport de tous les conducteurs.
-Copie du DNI de tous les conducteurs.
-Copie du permis de conduire de tous les conducteurs.
-Copie du livre de registre du véhicule (Copie du livret).
-Copie du bonus de non-sinistralité du souscripteur et/ou du conducteur principal.

22
LOCATION ET ACHAT DE VÉHICULES.

Location de véhicules à la minute et à l'heure :

L'option la plus rapide, si vous utilisez la voiture de manière très occasionnelle, est de louer des véhicules avec l'entreprise Ride Now via son application ou son site web : https://ridenow.tech/

RideNow est le premier service de partage de voiture à Chypre, offrant une option efficace et flexible pour que les résidents et les touristes louent des voitures pour de courtes périodes, allant de quelques minutes à plusieurs jours.

Vous pouvez récupérer et retourner les véhicules à divers endroits, y compris dans des villes telles que Larnaca, Limassol, Paphos, Nicosie et aux deux aéroports de Larnaca et Paphos.

En utilisant l'application RideNow, vous pouvez déverrouiller les voitures et gérer vos locations.

Le service inclut les coûts de carburant, les taxes et l'assurance de base, bien que vous ayez l'option de passer à une assurance étendue pour réduire votre responsabilité.

Une connexion Internet est essentielle pour verrouiller et déverrouiller les voitures via l'application, ce qui est particulièrement important car certaines zones à Chypre peuvent avoir une couverture Internet médiocre.

Le prix est basé sur le temps et la distance avec des options pour louer à la minute, à l'heure ou à la journée.

Il existe plusieurs forfaits disponibles qui peuvent être adaptés à vos besoins, et les prix sont plus élevés pour les conducteurs de moins de 25 ans en raison des politiques d'assurance.

Il faut 1 à 2 jours pour valider votre inscription, puis vous pouvez l'utiliser.

Portails où nous pouvons contacter des vendeurs de voitures :

- Facebook Market Place.
- Bazaraki.com
- Concessionnaires et magasins de véhicules d'occasion.

Intéressant :

Nous avons le contact d'un concessionnaire de confiance qui vend des voitures neuves des marques : Mercedes, Alfa Romeo, Fiat, Jeep, Peugeot, Citroën et Opel. Si vous venez de notre part, ils peuvent vous offrir une remise spéciale.

Ils disposent également d'un petit stock de voitures d'occasion et collaborent avec une entreprise de location de voitures (leasing).

Si vous êtes intéressé à examiner, sans aucun engagement, les véhicules qu'ils ont, faites-le nous savoir et nous vous mettrons en contact avec eux.

Conseils :

- Pour les Européens, il est préférable d'acheter une voiture automatique car le levier de vitesse est à gauche, bien que cela soit un peu plus coûteux.

- Si vous êtes intéressé par l'achat d'une voiture d'occasion, il est très important que vous l'achetiez à un particulier ou à une entreprise de confiance totale, car un grand pourcentage de voitures d'occasion vendues à Chypre ont des problèmes.

Si vous êtes décidé à acheter une voiture d'occasion par vous-même, avant de faire l'achat, il est très important de demander :

- Historique de maintenance du véhicule.
- Test de conduite.
- Inspection préalable par un atelier professionnel.

Pour effectuer la procédure d'achat du véhicule, vous devez disposer AVANT :

- MOT (équivalent à l'ITV en Espagne et se passe tous les 2 ans à Chypre).
- ROAD TAX (Impôt qui se paie au bureau des transports routiers).

Pour effectuer la procédure d'achat, vous devez disposer de :

-Transfert de propriété (à remplir dans un bureau spécialisé pour cela).
-Certificat d'immatriculation.
-Assurance voiture active (nouveau propriétaire).
-Passeports.
-Si vous achetez la voiture au nom de l'entreprise, vous avez besoin du cachet de l'entreprise pour le tampon.

Le cachet peut être fabriqué par une entreprise de serrurerie qui fabrique également des clés pour les habitations et vous devez y faire figurer le nom de l'entreprise et le numéro d'enregistrement au registre du commerce. Il est conseillé d'ajouter également le numéro d'identification fiscale (TIN) et l'adresse complète où l'entreprise est fiscalement située.

Important :

Tous ces documents sont présentés dans les bureaux du service aux citoyens où ils seront tamponnés.

Il est nécessaire que l'ancien propriétaire du véhicule que vous venez d'acheter vous accompagne pour qu'il effectue également quelques signatures.

Renouvellement de la taxe de circulation (road tax) :

-Doit être effectué une fois par an.
-Le prix est d'environ 66 € par an.

Lien pour renouveler la taxe de circulation :

https://rtd.mcw.gov.cy/WebPhase1/gui/Common/LoginFrameGreek.jsp?lang=en

23

COMPAGNIES : INTERNET ET TÉLÉPHONE.

Il est possible de souscrire à un service de téléphonie mobile et internet à Chypre en ligne, par téléphone ou en personne dans l'une des nombreuses agences des compagnies qui fournissent le service.

Notre conseil est de vous rendre en agence, car en ligne, les tarifs sont souvent obsolètes, mais en vous rendant dans une agence physique, ils peuvent vous proposer de très bonnes offres, en plus de vous fournir l'ADSL ou la fibre optique, selon l'endroit où vous allez résider.

Les 3 principales compagnies de téléphone et internet à souscrire sont les suivantes :

-CYTA :

C'est la plus grande compagnie de Chypre.

Liens web :

https://www.cyta.com.cy/about/en
https://www.cyta.com.cy/internet-home-products/en
https://www.cyta.com.cy/mobile-plans/en

Téléphone fixe : +357 22 880 132

-EPIC :

C'est la deuxième plus grande compagnie de Chypre.

Lien web : https://www.epic.com.cy/en/page/start/home

-PRIMETEL :

C'est la troisième plus grande compagnie de Chypre.

Lien web : https://primetel.com.cy

Si la procédure est réalisée au nom de l'entreprise, il est nécessaire de présenter la documentation suivante :

-Documents de l'entreprise tels que les statuts, documents du directeur et du secrétaire...

-Sceau de l'entreprise : Le sceau peut être réalisé par une entreprise de serrurerie qui fabrique également des clés pour les habitations, et vous devez y faire figurer le nom de l'entreprise et le numéro d'enregistrement au registre du commerce.
Il est également recommandé d'inclure le numéro d'identification fiscale (TIN) et l'adresse complète où l'entreprise est fiscalement située.

-Contrat de location de l'habitation : Si l'internet est mis au nom de l'entreprise, ce qui est le plus recommandable pour déduire toute la dépense, dans le contrat de location vous devez également mentionner, en plus de votre personne physique, l'entreprise.

Si la procédure est réalisée au nom d'un particulier, il est nécessaire de présenter la documentation suivante :

-Passeport.
-Document d'identification personnelle (DNI).
-Contrat de location d'habitation.

24

ESPACES DE COWORKING.

Si vous êtes un professionnel indépendant, un entrepreneur ou un nomade numérique à la recherche d'un lieu pour travailler et socialiser avec d'autres, Chypre est votre destination idéale.

Ce pays insulaire de la Méditerranée offre une grande variété d'espaces de coworking qui s'adaptent à différents besoins, budgets et styles de vie.

Voici 10 lieux pour le coworking à Chypre :

-**Hub Nicosia** : Cet espace se trouve dans la capitale de Chypre, Nicosie. Il offre un environnement créatif, collaboratif et communautaire. Il dispose de salles de réunion, zones de repos, cuisine, bibliothèque et événements réguliers. Les prix vont de 10 € par jour à 120 € pour 1 mois.

-**The Cookhouse** : Situé à Limassol, il combine une cuisine professionnelle avec un espace de travail. Vous pouvez louer un poste de cuisine à l'heure ou à la journée, et profiter des plats préparés par d'autres membres ou par vous-même. Il y a aussi une salle de conférence, une terrasse et un café. Les prix vont de 15 € par jour à 200 € par mois.

-**Impact Hub Limassol** : Situé à Limassol, il fait partie d'un réseau mondial d'Impact Hub. Il propose un espace de travail flexible, avec des bureaux individuels ou partagés, des salles de réunion, des événements et des ateliers. Les prix vont de 12 € par jour à 150 € par mois.

- **Regus** : Cette entreprise possède plusieurs bureaux à Chypre, notamment à Nicosie, Limassol et Larnaca. Elle offre des bureaux privés, des bureaux dédiés, des salles de réunion, des services de réception et un accès à un réseau mondial d'espaces de travail. Les prix varient en fonction de l'emplacement et du type de service.

- **Cocoon** : Cet espace est situé dans le centre historique de Nicosie et arbore un design moderne et minimaliste. Il dispose de bureaux individuels et partagés, de salles de réunion, d'espaces communs, d'une cuisine et d'événements culturels. Les prix vont de 15 € par jour à 180 € par mois.

- **Home for Cooperation** : Il est particulièrement bien situé, car il se trouve dans la zone neutre qui sépare la partie grecque et la partie turque de Nicosie. C'est un espace multiculturel et multilingue. Il offre des bureaux individuels et partagés, des salles de réunion, une bibliothèque, un café et des événements sociaux. Les prix vont de 5 € par jour à 80 € par mois.

- **Gravity Ventures** : Cet espace à Nicosie se spécialise dans le soutien aux startups et aux entrepreneurs avec des idées innovantes. Il propose un programme d'accélération qui inclut des mentorats, du financement, l'accès à un réseau d'experts et des espaces de travail. Il organise également des événements de réseautage, des ateliers et des conférences. Les prix vont de 20 € par jour à 250 € par mois.

- **The Home Project** : Situé à Larnaca, il offre une atmosphère chaleureuse et familiale. Il propose des bureaux individuels et partagés, des salles de réunion, des espaces communs, une cuisine et des événements éducatifs. Les prix vont de 10 € par jour à 120 € par mois.

-The Business Bar : Situé à Paphos, il dispose d'une décoration élégante et sophistiquée. Il offre des bureaux individuels et partagés, des salles de réunion, des espaces communs, un bar et des événements professionnels. Les prix vont de 15 € par jour à 200 € par mois.

-Co-working Latchi : Situé à Latchi, il offre une vue spectaculaire sur la mer Méditerranée. Il dispose de bureaux individuels et partagés, de salles de réunion, d'espaces communs, d'une cuisine et d'activités sportives. Les prix vont de 10 € par jour à 100 € par mois.

25
LIVRAISON DE REPAS À DOMICILE.

Voici les entreprises à Chypre qui peuvent livrer des repas à votre domicile, via le téléchargement de leur application sur votre téléphone mobile :

-Wolt : C'est une entreprise finlandaise de livraison de nourriture qui a commencé ses opérations à Chypre en 2020. La société offre une large gamme de services via son application, y compris la livraison de repas de restaurants et les courses de supermarché.
À Chypre, Wolt opère dans différentes villes comme Nicosie, Limassol, Larnaca, Paphos... en s'associant avec plus de 2 000 restaurants et commerces locaux pour fournir une variété diversifiée de produits alimentaires et de détail.
Wolt propose également un service d'abonnement appelé Wolt+, qui offre des avantages tels que l'absence de frais de livraison sur les commandes éligibles de restaurants et de magasins, ainsi que des offres et des réductions exclusives. Cet abonnement est conçu pour se rentabiliser après quelques commandes chaque mois grâce aux économies sur les frais de livraison.
L'entreprise a apporté des contributions significatives à l'économie chypriote en soutenant les entreprises locales et en créant des emplois, ce qui a aidé à cimenter sa popularité parmi les consommateurs à Chypre.

–Foody Cyprus : C'est une application de livraison populaire à Chypre qui permet aux utilisateurs de commander de la nourriture, des courses et d'autres articles pour livraison à domicile ou pour récupération. La plateforme supporte une grande variété de cuisines, travaillant en collaboration avec des chaînes locales et nationales, offrant ainsi une vaste sélection d'options gastronomiques aux utilisateurs.

Un point fort de Foody est son accent sur la facilité d'utilisation et la commodité.

L'interface de l'application est conçue pour rendre le processus de commande et le suivi de l'état des livraisons aussi simple et efficace que possible.

Cela s'aligne avec la tendance actuelle des applications de livraison de nourriture, qui cherchent à améliorer l'expérience utilisateur en minimisant les complications et en maximisant l'efficacité.

En plus de proposer des services de livraison de nourriture, Foody à Chypre s'étend également à la livraison de courses et d'autres produits essentiels, fournissant ainsi une solution complète pour les besoins quotidiens des consommateurs.

26
NATIONALITÉ.

L'acquisition de la nationalité chypriote peut se faire par plusieurs méthodes, incluant la naturalisation, l'origine, le mariage, et l'investissement.

Voici les exigences générales et quelques exigences spécifiques pour les méthodes les plus courantes d'acquisition de la nationalité à Chypre :

<u>**Par Naturalisation :**</u>

La naturalisation est l'une des méthodes les plus courantes pour obtenir la citoyenneté dans de nombreux pays, y compris Chypre.

Les exigences incluent :

-Résidence légale : La personne doit avoir résidé légalement à Chypre pendant une période spécifique avant la demande. À Chypre, cette période est généralement de 7 ans pour la plupart des demandeurs, mais elle est réduite à 5 ans pour les conjoints de citoyens chypriotes. Cependant, pour les personnes d'ascendance chypriote, la période requise peut être plus courte.

-Bonne conduite : Démontrer une bonne conduite et ne pas avoir d'antécédents criminels graves à Chypre ou dans tout autre pays.

-Connaissance de la langue grecque : Démontrer une connaissance adéquate du grec, qui est la langue officielle de la République de Chypre.

-Moyens de subsistance : Démontrer la capacité à subvenir à ses besoins et à ceux de sa famille, le cas échéant.

-Documentation :

La demande de nationalité nécessite la compilation et la préparation de certains documents officiels :

- Certificat de naissance du demandeur.
- Certificats de mariage/divorce (si applicable).
- Preuve de résidence légale à Chypre (par exemple, permis de séjour).
- Certificat de casier judiciaire vierge, tant de Chypre que du pays d'origine du demandeur.
- Preuve de connaissance suffisante de la langue grecque (pour les demandes par naturalisation).
- Preuves de moyens financiers suffisants pour vivre à Chypre sans être une charge pour l'État.
- Tout autre document pouvant soutenir la demande, comme des preuves d'intégration dans la société chypriote.

-Présentation de la demande :

Une fois tous les documents nécessaires recueillis, la demande et les documents de soutien doivent être présentés au Ministère de l'Intérieur de Chypre ou à l'autorité locale désignée. Le paiement d'un droit de demande est requis.

-Processus d'évaluation :

Après la soumission, la demande entre dans un processus d'évaluation, où les autorités examinent la documentation, évaluent la conformité aux exigences et peuvent mener des entretiens ou des enquêtes supplémentaires si elles le jugent nécessaire.

-Décision et serment de loyauté :

Si la demande est approuvée, le demandeur sera notifié de la décision et sera invité à prêter serment de loyauté à la République de Chypre. Après cette étape, le certificat de naturalisation sera délivré, complétant ainsi le processus d'acquisition de la nationalité chypriote.

Considérations supplémentaires.

-Consultation juridique : Étant donné la complexité du processus et la possibilité de changements dans la législation, il est recommandable de consulter un avocat spécialisé en immigration ou en droit de la nationalité qui peut fournir des conseils et une assistance personnalisée. Nous pouvons vous aider dans ce processus.

-Délai de traitement : Le temps de traitement des demandes de nationalité peut varier considérablement, en fonction de la charge de travail des autorités, de la complexité du cas et de la complétude de la documentation présentée.

Par Origine :

Les personnes ayant une ascendance chypriote peuvent demander la citoyenneté sur la base de leur origine.

Cela inclut ceux nés à l'étranger de parents (ou dans certains cas, grands-parents) qui sont citoyens chypriotes.

Les documents requis incluent généralement des certificats de naissance, de mariage, et si nécessaire, des preuves de la citoyenneté chypriote des parents ou grands-parents.

Par Mariage :

Les conjoints de citoyens chypriotes peuvent également demander la nationalité après une période spécifique de mariage et de résidence dans le pays.

Les exigences incluent :

–**Durée du mariage :** Généralement, le mariage doit avoir duré au moins 3 ans, et le couple doit avoir vécu à Chypre pendant au moins 2 ans avant la demande.

–**Documentation :** Présenter des certificats de mariage, de résidence et autres documents prouvant l'authenticité du mariage et la cohabitation.

Par Investissement :

Chypre a eu des programmes permettant l'acquisition de la citoyenneté par des investissements significatifs dans le pays, cependant, il est important de noter que le programme de Citoyenneté par Investissement (CBI) a été aboli en novembre 2020 suite à des controverses et critiques, en raison de l'afflux massif de Russes utilisant ce système.

27
SÉCURITÉ.

Découvrez la tranquillité de faire des affaires à Chypre, un paradis non seulement pour son climat et sa beauté naturelle, mais aussi pour son impressionnante sécurité.

À Chypre, la sécurité fait tellement partie de la vie quotidienne que, dans de nombreux villages et petites villes, il est courant que les habitants laissent leurs portes ouvertes durant la journée et leurs voitures déverrouillées avec les clés à l'intérieur pendant la nuit.

Imaginez la paix de laisser votre vélo sur la promenade de la plage sans cadenas, profiter d'une journée ensoleillée de baignade et à votre retour, le trouver juste là où vous l'aviez laissé.

Ainsi, Chypre maintient sa réputation comme l'un des pays les plus sûrs de l'Union Européenne, avec des taux de criminalité enviablement bas comparés à d'autres États membres, faisant de Chypre une destination attrayante pour vivre, travailler et étudier.

Selon le rapport de sécurité de Numbeo 2023, Chypre s'est classée de manière constante bien en termes de faible perception de criminalité et de haute perception de sécurité lorsqu'on marche seul durant le jour et la nuit, étant le pays le plus sûr de l'Union Européenne.

Les 7 pays avec les taux de criminalité les plus élevés au sein de l'Union Européenne sont :

1. France
2. Belgique
3. Suède
4. Grèce
5. Royaume-Uni
6. Italie
7. Irlande

De plus, Chypre possède l'un des taux les plus bas de crimes violents et graves.

Selon Eurostat en 2023, l'agence statistique de l'Union européenne, les 7 pays avec le taux le plus élevé de crimes violents sont :

1. Suède
2. Danemark
3. Finlande
4. France
5. Belgique
6. Italie
7. Allemagne

28
SCOLARISATION.

Actuellement, les parents peuvent choisir entre le système éducatif local ou des écoles privées et internationales, cette dernière option étant la meilleure.

Voici les principaux aspects :

SYSTÈME ÉDUCATIF PUBLIC.

-**Accès à l'éducation :** Chypre offre un accès à l'éducation publique gratuite à tous les enfants résidant dans le pays, y compris ceux de parents étrangers, depuis l'éducation préscolaire jusqu'à l'enseignement secondaire. L'éducation est obligatoire pour tous les enfants âgés de 5 à 15 ans. Cela reflète l'engagement du pays envers les droits éducatifs sous diverses conventions internationales.

-**Langue d'enseignement :** Le grec est la principale langue d'enseignement dans les écoles publiques à Chypre. Cela peut représenter un défi pour les enfants de parents étrangers qui ne parlent pas cette langue, cependant, les écoles offrent généralement des cours de langues supplémentaires, comme l'anglais, pour aider les élèves à s'intégrer.

ÉCOLES PRIVÉES ET INTERNATIONALES.

Pour les familles qui préfèrent ou ont besoin d'une autre option, il existe de nombreuses écoles privées et internationales à Chypre qui enseignent la plupart des cours en anglais et dans d'autres langues, suivant des programmes internationaux tels que le Baccalauréat International (IB) ou l'enseignement britannique (GCSE et A-Levels).

Ces écoles attirent généralement une population étudiante diverse, y compris de nombreux enfants de familles étrangères.

Types d'écoles privées :

À Chypre, les écoles privées et internationales dispensent toujours tous les cours en anglais, à l'exception de celui de la langue grecque, et offrent principalement deux types différents d'éducation :

-Baccalauréat International (IB) : Programme reconnu internationalement qui favorise la pensée critique et une mentalité globale.

-Éducation Britannique : Comprend les GCSE (General Certificate of Secondary Education) et les A-Levels, très appréciés pour leur rigueur académique et leur large reconnaissance universitaire.

Exemples d'écoles privées :

Limassol :

-Pascal English School : Offre un enseignement britannique et le Baccalauréat International, préparant les étudiants pour l'enseignement supérieur à Chypre et à l'étranger.
-Limassol International School : Connue pour son approche sur le développement intégral de l'étudiant, elle offre une éducation qui combine des éléments de l'enseignement britannique avec des approches éducatives internationales.

Nicosie :

-The G.C. School of Careers : Fondée en 1973, elle offre un large programme éducatif basé sur l'enseignement britannique de l'éducation primaire jusqu'aux A-Levels.
-American Academy Nicosia : Une école privée qui offre un enseignement en anglais de l'étape préscolaire jusqu'aux A-Levels, avec un accent sur le développement spécialisé des étudiants.

Larnaca :

-**American Academy Larnaca :** Fondée en 1908, c'est l'une des institutions éducatives les plus anciennes offrant un enseignement en anglais avec un accent sur les valeurs chrétiennes.
-**Med High Private English School :** Offre une éducation de la maternelle aux A-Levels, avec un programme préparant les étudiants pour les universités à Chypre et dans le monde entier.

Paphos :

-**International School of Paphos :** Propose une éducation de la petite enfance aux A-Levels, suivant l'enseignement britannique et promouvant l'excellence académique et le développement personnel.

Prix :

Les coûts varient largement selon l'école, le niveau éducatif et les services supplémentaires offerts. En général, les frais de scolarité peuvent varier de quelques milliers à plus de dix mille euros par an. Il est essentiel de contacter directement les écoles pour obtenir des informations précises sur les prix et les services inclus.
Il faut prendre en compte que, en plus des frais de scolarité, il peut y avoir des frais supplémentaires, tels que l'inscription, les livres, les uniformes et les activités parascolaires.

Considérations supplémentaires :

-**Admission et exigences :** Les politiques d'admission varient entre les écoles. Certaines peuvent exiger des examens d'entrée, des entretiens ou des évaluations des performances académiques antérieures de l'étudiant.

-**Langue :** Bien que l'anglais soit la principale langue d'instruction, les écoles offrent souvent des cours de langues supplémentaires, y compris le grec, pour faciliter l'intégration dans l'environnement local.

-**Accréditations :** Chercher des écoles accréditées par des organisations internationales pertinentes, comme le Conseil des Écoles Internationales (CIS) ou l'Association des Collèges et Écoles du Baccalauréat International (IBO), peut garantir des standards éducatifs de haute qualité.

Exemples d'universités à Chypre :

-**Université de Chypre (University of Cyprus) :** Située à Nicosie, c'est la principale institution d'enseignement supérieur du pays, offrant un large éventail de programmes en grec et en anglais. Elle est reconnue pour sa recherche et son enseignement dans les domaines des sciences, des humanités, de l'ingénierie et des sciences sociales.

-**Université Technique de Chypre (Cyprus University of Technology) :** Située à Limassol, elle se spécialise dans les domaines techniques et technologiques, mais offre également des programmes en sciences de la communication, en arts et en économie. Ses programmes sont conçus pour répondre aux exigences du marché du travail moderne.

-**Université Européenne de Chypre (European University Cyprus) :** Avec une offre éducative incluant la médecine, les sciences de la santé, l'ingénierie, les sciences sociales et les humanités, cette université à Nicosie se distingue par son approche axée sur l'innovation et l'excellence académique.

-**Université Ouverte de Chypre (Open University of Cyprus) :** Offre des programmes d'éducation à distance dans divers domaines, ce qui la rend idéale pour les étudiants cherchant de la flexibilité dans leur éducation.

-**Université de Nicosie (University of Nicosia) :** Connue pour être pionnière dans l'offre de programmes en médecine et également pour être la première université au monde à offrir un Master en Monnaies Digitales. L'Université de Nicosie attire un grand nombre d'étudiants internationaux chaque année.

CONSIDÉRATIONS LÉGALES ET PRATIQUES.

Les considérations légales et pratiques pour inscrire un enfant dans le système scolaire à Chypre, qu'il soit public ou privé/international, impliquent plusieurs étapes et exigences que les familles doivent prendre en compte.

Ces considérations assurent que le processus d'inscription se déroule sans problème et que les étudiants puissent commencer leur éducation dans un nouvel environnement de manière efficace.

Inscription et documentation :

-Certificats de naissance : Un certificat de naissance officiel et traduit (s'il n'est pas en grec ou en anglais) est requis pour inscrire l'enfant dans n'importe quelle école. Ce document sert de preuve de l'âge de l'enfant et, dans certains cas, de la relation avec les parents ou les tuteurs légaux.

-Preuve de résidence : Les parents doivent fournir une preuve de résidence à Chypre. Cela peut être un contrat de location, un reçu de services publics à leur nom, ou tout document officiel prouvant leur adresse de résidence sur l'île.

-Statut légal : Pour les enfants de familles étrangères, il est crucial de présenter une documentation attestant du statut légal de la famille à Chypre. Cela peut inclure des permis de résidence, des visas de travail, ou des documents similaires.

-Historique académique : Pour les inscriptions à des niveaux supérieurs, notamment dans le cas des écoles privées et internationales, il peut être nécessaire de présenter l'historique académique et les certificats d'éducation antérieure de l'enfant.

Processus d'inscription.

-Visites et réunions : Il est recommandé de visiter les écoles d'intérêt pour rencontrer le personnel, découvrir les installations et mieux comprendre l'environnement éducatif et social qu'elles offrent.

-Applications et délais : Les écoles publiques comme les écoles privées peuvent avoir des délais spécifiques pour l'inscription. Dans le cas des institutions privées et internationales, le processus de demande peut inclure des formulaires de candidature, des entretiens et, dans certains cas, des examens d'admission.

29
QUESTIONS FRÉQUENTES

-Pouvons-nous présenter des reçus de dépenses pour des repas, des per diem, des billets d'avion, des hôtels, des taxis, etc., en provenance d'Espagne, où nous nous trouvons actuellement, ainsi que d'autres pays, à partir de la date de création de l'entreprise à Chypre ?
Oui, il faut également noter que les dépenses en per diem à Chypre peuvent être déduites jusqu'à 1 % des ventes générées par votre entreprise chypriote.

-Les achats alimentaires effectués dans un supermarché d'un pays autre que Chypre peuvent-ils être présentés comme dépense comptable de l'entreprise que nous avons à Chypre via le reçu ou la facture ?
Oui, vous pouvez les présenter comme dépenses de l'entreprise.

-Quelles autres dépenses pouvons-nous présenter au sein de l'entreprise ? Téléphone, informatique, imprimerie, papeterie.

-L'assurance santé privée est-elle déductible en tant que dépense d'entreprise à Chypre ? Oui.

-Avons-nous besoin de factures pour les dépenses ou les reçus d'achat suffisent-ils ?
Il est préférable d'avoir des factures, mais les reçus d'achat ou les tickets sont également valables.

-Ai-je besoin d'être à Chypre pour commencer la procédure ?
Non, il n'est pas nécessaire d'être à Chypre pour commencer la procédure d'enregistrement de l'entreprise ou de résidence fiscale.

-Ai-je besoin d'être à Chypre pour commencer à facturer ?
Non, il n'est pas nécessaire d'être à Chypre pour commencer à facturer. Vous pouvez opérer votre entreprise depuis n'importe où dans le monde.

-Ai-je besoin d'avoir un compte bancaire à Chypre ?
Pas nécessairement, nous pouvons vous fournir une liste de banques en ligne qui acceptent les comptes pour les entreprises chypriotes.

-Puis-je choisir le nom de mon entreprise ?
Oui, il faut entre 3 et 4 jours ouvrables pour que le nom de l'entreprise soit approuvé.

-Combien de temps faut-il pour constituer l'entreprise ?
L'entreprise prend environ un mois pour être enregistrée et obtenir un numéro de TVA afin de pouvoir émettre votre première facture.

-Combien de temps faut-il pour établir la résidence fiscale ?
Le minimum est de 60 jours, le processus peut être réalisé simultanément avec la création de l'entreprise.

-Je loue un bien immobilier que je possède dans mon pays d'origine. Dois-je payer des impôts à Chypre ou dans mon pays ?
Cela dépend du pays où se trouve le bien. Si le bien est en Espagne, vous devez remplir le Modèle 210 et payer trimestriellement 19% sur le revenu locatif.

-Quand dois-je me désinscrire de mon pays ?
Dès que nous aurons votre numéro d'impôt personnel à Chypre, nous vous l'enverrons et vous pourrez soumettre votre demande de désinscription.

-Est-il nécessaire d'obtenir le Certificat de Résidence Fiscale (TRC) ?
Nous pouvons demander le TRC au département des impôts seulement si quelqu'un le demande, par exemple, les autorités espagnoles ou une banque. Il faut environ 3-4 semaines pour l'obtenir. Il ne peut être demandé qu'à la fin de l'année ou au début de l'année suivante, car jusqu'à cette date, nous ne pouvons pas prouver aux autorités fiscales que vous avez séjourné à Chypre pendant 60 ou 183 jours, et donc, que vous n'avez pas séjourné dans un autre pays plus de 183 jours. Parfois, certains clients en ont besoin la première année car les autorités espagnoles ou européennes le demandent, mais pas toujours. Les frais pour le TRC sont de 500 €.

-Ai-je besoin d'une adresse permanente à Chypre pour obtenir le statut de non-domicilié ?
Oui, une adresse permanente est nécessaire et vous devez avoir des factures de services publics à votre nom. Les studios ou chambres sont également acceptés, l'important est de domicilier une facture.

C'est l'option la plus économique si vous allez rester peu de temps. Si cette option vous intéresse, faites-le nous savoir et nous vous aiderons.

-Est-il nécessaire que les 60 jours soient consécutifs ?
Non, ils peuvent être séparés. Par exemple, passer 20 jours en mars, 20 jours en juin et 20 jours en septembre.

-Comment fermer l'entreprise si je veux arrêter ?
Nous devons demander une suspension qui coûte 600 €. L'entreprise est alors publiée dans le bulletin du registre et, s'il n'y a pas d'oppositions, l'entreprise est automatiquement dissoute après 6 mois.

-Que se passe-t-il si je veux changer de directeurs ou d'actionnaires ?
Oui, vous pouvez effectuer des changements dans l'état de l'entreprise. Les changements prennent 5 jours ouvrables pour être réalisés.

-Comment les autorités chypriotes savent-elles que je suis à Chypre ?
Le département des impôts demandera des relevés bancaires pour vérifier que vous avez effectué des achats avec votre carte dans la république (exemples : supermarchés, magasins, bars, restaurants).

-Puis-je avoir un compte personnel dans un autre pays ?
Oui, bien sûr, vous pouvez conserver tous vos comptes bancaires personnels dans différentes juridictions.

-Que se passe-t-il si j'ai trop de dépenses personnelles ?
Vous pouvez ajouter certaines de vos dépenses personnelles sous l'entreprise si elles sont liées aux opérations de l'entreprise.

-Puis-je payer une voiture avec l'argent de l'entreprise ?
Oui, il est possible de payer la voiture et de l'ajouter comme un actif de l'entreprise, mais cela constitue un avantage imposable. Cependant, vous pouvez ajouter les dépenses liées aux opérations de la voiture lorsqu'elle est utilisée pour l'entreprise, telles que l'essence et l'entretien.

-Quand dois-je payer des impôts ?
Une année financière à Chypre commence le 01/01 et se termine le 31/12. Le taux d'imposition standard est de 12,5 %, mais il peut être réduit à 2,50 % avec le régime IP Box, si vous utilisez un logiciel dans votre entreprise.

-Comment fonctionne le système de santé ?

En ce qui concerne le système de santé, vous avez deux options :

La première option est de souscrire une assurance santé privée à Chypre, qui peut varier de 200 € à 800 € par an selon les garanties souscrites et l'âge de l'assuré.

La deuxième option (préférable pour les familles) est de se verser un salaire et de cotiser à la sécurité sociale, toute la famille, y compris les enfants, bénéficiant des avantages européens. La cotisation à la sécurité sociale est de 25,8 % du salaire, car elle couvre à la fois l'employé et l'employeur.

-Puis-je avoir un employé dans l'entreprise ?
Nous recommandons d'embaucher des travailleurs indépendants pour qu'ils émettent des factures à votre entreprise et que celle-ci les paie comme sous-traitants. De plus, vous pouvez créer un accord entre l'entreprise et les sous-traitants et ajouter les mêmes droits et obligations qu'un employé, vous pouvez même ajouter les heures de travail, les congés annuels, etc. Il est préférable qu'ils soient indépendants dans leur pays ou qu'ils aient leur propre entreprise pour vous facturer les services rendus.

-Puis-je recevoir un salaire de l'entreprise ?
Oui, nous recommandons de recevoir un salaire en tant que directeur de l'entreprise jusqu'à 15 600 € par an. Cela équivaut à 1 300 € par mois. De cette façon, vous n'avez pas besoin de vous inscrire ni de présenter de déclaration en tant que personne. Vous pouvez toujours obtenir un salaire plus élevé, mais vous devrez alors présenter une déclaration annuelle en tant qu'indépendant, ce qui n'est pas recommandé car vous paierez plus d'impôts.

-Comment puis-je entrer en relation avec d'autres étrangers de mon pays à Chypre ?
À Chypre, il existe plusieurs groupes WhatsApp d'Espagnols, d'Allemands et d'autres étrangers qui se retrouvent tous les week-ends pour faire des excursions, manger, dîner, faire du sport, etc. Nous vous inviterons à vous inscrire à ces groupes.

-Quels sont les impôts sur les successions, le patrimoine et les donations ?
Il n'y a aucun impôt.

-Quand puis-je effectuer le paiement des dividendes ou la répartition des bénéfices de l'entreprise ?
Vous pouvez le faire une fois par an ou quatre fois par an (chaque trimestre). Cependant, il est recommandé de le faire en fin d'année.

-Pouvons-nous enregistrer un nom commercial pour que l'entreprise ait des droits sur ce nom lorsque nous faisons la publicité de l'entreprise ?
Oui, vous pouvez enregistrer un nom commercial pour un coût de 300 € (coût actuel pour le Département des Impôts).

-Quel est le numéro à utiliser pour les factures de revenus et de dépenses de l'entreprise à Chypre ?
Le numéro d'identification fiscale (TIN) est le numéro que vous devez utiliser sur vos factures de ventes et de dépenses. Le numéro d'enregistrement de l'entreprise ne doit pas être utilisé à cet effet, bien que vous puissiez l'inclure sur vos factures de vente si vous le souhaitez.

-Après 17 ans de statut de non domicilié, quels impôts sont payés lorsque les dividendes sont distribués par l'entreprise ?
Un impôt spécial de défense de 17 % sur les dividendes plus 2,65 % de GESY, soit un total de 19,65 %.

-Ai-je besoin d'une assurance sociale ?
Il n'est pas nécessaire d'avoir une assurance sociale pour être directeur d'une entreprise.

-Calcul de certains jours pour la résidence fiscale à Chypre :

1. Le jour de départ de Chypre compte comme un jour de résidence hors de Chypre.
2. Le jour d'arrivée à Chypre compte comme un jour de résidence à Chypre.
3. L'arrivée et le départ de Chypre le même jour comptent comme un jour de résidence à Chypre.
4. Le départ et l'arrivée à Chypre le même jour comptent comme un jour de résidence hors de Chypre.

30
HISTOIRE DE CHYPRE.

L'histoire de Chypre est longue et complexe, marquée par sa position stratégique dans la Méditerranée, qui a attiré de nombreuses civilisations au fil des millénaires.

ANTIQUITÉ :

La préhistoire et l'antiquité de Chypre offrent un aperçu fascinant des premières civilisations et du développement humain en Méditerranée.

L'île a joué un rôle crucial dans l'histoire ancienne, principalement en raison de sa riche source de cuivre, et de sa position stratégique qui facilitait le commerce et l'interaction culturelle.

1. Préhistoire :

-Premiers Établissements : Les preuves les plus anciennes d'activité humaine à Chypre datent du 10ème millénaire av. J.-C., à l'époque néolithique. Ces premiers habitants sont arrivés du continent, introduisant l'agriculture, l'élevage et les premières formes de peuplement permanent sur l'île.

-Néolithique : Durant cette période (environ 8200-3900 av. J.-C.), Chypre a vu le développement de colonies importantes, comme Choirokoitia et Kalavasos-Tenta, qui sont des sites du patrimoine mondial de l'UNESCO.
Ces sites montrent des preuves d'une organisation sociale avancée, d'une architecture de maisons circulaires fortifiées, et de pratiques agricoles et d'élevage.

2. Âge du Bronze :

-Commerce du Cuivre : L'Âge du Bronze (environ 2500-1050 av. J.-C.) a transformé Chypre en un important centre de production et de commerce du cuivre, un métal essentiel pour la fabrication d'outils et d'armes dans toute la région.

Le cuivre chypriote était très convoité et exporté dans tout le bassin méditerranéen, stimulant l'économie et la richesse de l'île. Le nom "Chypre" dérive du mot latin "aes Cyprium", signifiant "métal de Chypre", en référence au cuivre. Ce terme a évolué en "cuprum" en latin, d'où provient le terme chimique actuel pour le cuivre (Cu).

La richesse générée par le commerce du cuivre a permis à Chypre d'établir des relations commerciales et culturelles avec les principales civilisations méditerranéennes, incluant les Égyptiens, les Assyriens, et les Grecs. Cela a encouragé un échange culturel qui s'est reflété dans l'art, la religion et les pratiques sociales de l'île.

-Minoens et Mycéniens : Vers la fin de l'Âge du Bronze, Chypre a été influencée par les Minoens et, plus tard, par les Mycéniens grecs, qui ont établi des colonies et promu l'usage du grec, la religion et les pratiques culturelles hellénistiques, qui perdurent jusqu'à aujourd'hui.

De plus, tout au long de son histoire antique, Chypre a été l'objet de contrôle et de conquête par plusieurs puissances étrangères, en raison de sa position stratégique et de ses riches ressources. Cela incluait les Égyptiens, les Hittites, les Assyriens et les Perses.

3. Période Hellénistique Grecque :

-Conquête par Alexandre le Grand : L'influence grecque à Chypre a été consolidée avec la conquête de l'île par Alexandre le Grand en 333 av. J.-C. Après sa mort, Chypre est devenue partie de l'empire des Ptolémées d'Égypte, maintenant des relations culturelles et politiques étroites avec le monde hellénistique.

- **Gouvernance ptolémaïque :** Sous les Ptolémées, l'un des généraux d'Alexandre le Grand, Chypre a joué un rôle stratégique dans la Méditerranée orientale, servant de centre naval et commercial important. Pendant cette période, les villes de Chypre ont connu un épanouissement culturel, avec la construction de nouveaux temples, théâtres et autres bâtiments publics de style grec.

4. Période romaine :

- **Annexion à l'Empire romain :** En 58 av. J.-C., Chypre fut annexée à l'Empire romain par Pompée. Elle devint une province sénatoriale et, plus tard, sous le règne d'Auguste, elle passa à une province impériale. La romanisation de l'île a entraîné des changements administratifs et un développement urbain accru. Pendant la domination romaine, Chypre a bénéficié d'une longue période de paix et de prospérité. Les infrastructures, y compris les routes, les aqueducs et les ports, ont été améliorées, et de magnifiques bâtiments publics et privés ont été érigés. La vie urbaine a fleuri dans des villes comme Paphos, Salamine, et Kourion.

- **Christianisme :** Chypre occupe une place particulière dans l'histoire du christianisme primitif. Selon les Actes des Apôtres, les apôtres Paul, Barnabé (natif de Chypre), et Marc ont visité l'île lors de leur premier voyage missionnaire, convertissant le proconsul romain Sergius Paulus au christianisme. Il est également dit que Lazare, ressuscité par Jésus, a prêché jusqu'à sa mort, où se trouve une église contenant ses prétendus restes. Ainsi, Chypre est devenue l'un des premiers endroits de la Méditerranée à adopter le christianisme comme religion, avec une organisation ecclésiastique bien établie dès le début. La coexistence et le syncrétisme culturel ont caractérisé la période gréco-romaine à Chypre. Les pratiques religieuses et culturelles grecques se sont mêlées aux traditions locales et aux influences romaines, créant un riche métissage culturel.

L'art et l'architecture à Chypre durant cette période reflètent la fusion des influences grecques et romaines.

Les mosaïques de Paphos, par exemple, témoignent du haut niveau de l'art romain sur l'île, tandis que de nombreux sites archéologiques révèlent la continuité des traditions hellénistiques. L'économie de Chypre sous la domination romaine a bénéficié du commerce au sein du vaste empire. La production et l'exportation de cuivre ont continué à être importantes, et l'île était également réputée pour ses vins et autres produits agricoles.

MOYEN ÂGE :

1. Période byzantine : À Chypre, cette période s'étend approximativement du IVe siècle au XIIe siècle. Elle représente une ère d'une grande importance historique et culturelle pour l'île. Tout au long de ce temps, Chypre a été fermement intégrée dans l'Empire byzantin, connaissant à la fois des périodes de paix et de prospérité ainsi que des temps de conflit et de défi.

La transition de Chypre sous le contrôle byzantin s'est déroulée de manière progressive après la division de l'Empire romain en l'an 395 après J.-C.

Chypre est devenue partie de l'Empire romain d'Orient, plus tard connu sous le nom d'Empire byzantin, avec Constantinople comme capitale.

Durant la période byzantine, le christianisme orthodoxe s'est consolidé comme la religion dominante à Chypre. La construction d'églises et de monastères byzantins, dont beaucoup sont encore préservés aujourd'hui, témoigne de la profonde foi religieuse et de la richesse artistique de l'époque. L'architecture religieuse de cette période se caractérise par ses mosaïques élaborées, ses fresques et un style architectural distinctif qui influencerait le développement ultérieur de l'architecture religieuse sur l'île.

À partir du VIIe siècle, Chypre a fait face à de nombreuses incursions de la part des Arabes. En 649, les Arabes ont réalisé une importante incursion, marquant le début d'une période de conflits récurrents.

En 688, l'empereur byzantin Justinien II et le calife omeyyade Abd al-Malik signèrent un accord unique, selon lequel Chypre devint un condominium, administré et imposé conjointement par les Byzantins et les Arabes. Cet arrangement dura jusqu'à ce que les Byzantins reprennent le contrôle total de l'île au Xe siècle. La reconquête définitive de Chypre par les Byzantins mena à une période de reconstruction et de revitalisation.
Des villes furent fortifiées et de nouvelles églises construites, reflétant la renaissance de l'influence byzantine. Durant la période de l'iconoclasme dans l'Empire Byzantin (726-787 et 814-842), Chypre devint un refuge pour les moines et les fidèles orthodoxes qui vénéraient les icônes, bien que l'île elle-même ne fut pas à l'abri des conflits internes liés à cette controverse. Chypre abrite certains des exemples les plus impressionnants de l'art byzantin, en particulier sous forme de mosaïques et de fresques dans les églises et les monastères. Ces œuvres ne sont pas seulement précieuses sur le plan artistique, mais offrent également un aperçu important de la vie religieuse et sociale de l'époque.

2. Domination francolatine (Royaume de Chypre) : En 1191, lors de la Troisième Croisade, Richard Cœur de Lion d'Angleterre captura Chypre d'Isaac Comnène, qui s'était déclaré gouverneur indépendant de l'île. Richard utilisa Chypre comme base pour sa croisade vers la Terre Sainte, cependant, peu après sa conquête, il vendit l'île aux Chevaliers Templiers, et lorsqu'ils trouvèrent trop compliqué de maintenir le contrôle, ils la vendirent à Guy de Lusignan, un noble français. Guy de Lusignan établit le Royaume de Chypre, inaugurant une période de domination francolatine qui durerait jusqu'au XVe siècle. Sous les Lusignan, Chypre devint un fief du Saint Empire romain germanique puis du Pape, maintenant des liens étroits avec l'Europe occidentale. Pendant la domination francolatine, l'île fut caractérisée par une société féodale et une forte influence de la culture et des traditions françaises et latines. De nombreuses églises et châteaux gothiques furent construits, et des ordres religieux catholiques établis.

Malgré la domination européenne, la population grecque orthodoxe a conservé sa foi et ses pratiques culturelles, bien qu'elle fût souvent dans une position subordonnée.

3. Domination vénitienne :

En 1489, après la mort sans héritiers de la reine Charlotte de Lusignan, Chypre passa aux mains de la République de Venise par le mariage de Caterina Cornaro, héritière du trône de Chypre, avec un noble vénitien. Venise cherchait à contrôler Chypre principalement pour son importance stratégique et économique dans le commerce méditerranéen.

Les Vénitiens se concentrèrent sur le renforcement des défenses de Chypre pour se protéger contre la menace ottomane croissante. D'impressionnantes fortifications furent construites dans des villes telles que Nicosie, Famagouste et Kyrenia. L'administration vénitienne imposa un système de gouvernement centralisé, mais cela généra également du mécontentement parmi la population locale en raison des taxes élevées et de l'exploitation économique.

La domination vénitienne sur Chypre prit fin en 1571 lorsque la flotte ottomane, sous le commandement de Lala Mustafa Pacha, conquit l'île après le siège de Famagouste. La résistance héroïque, mais finalement infructueuse, de la garnison vénitienne à Famagouste marqua la fin du contrôle vénitien sur Chypre.

ÉPOQUE MODERNE :

L'Empire ottoman a capturé Chypre de la République de Venise en 1571, après un long siège de la ville de Famagouste.
La conquête faisait partie de l'expansion ottomane dans la Méditerranée, cherchant à contrôler des routes commerciales stratégiques et à contrecarrer l'influence chrétienne européenne. Sous le règne ottoman, Chypre fut organisée en eyalet ou province, avec un gouverneur nommé par le sultan.

L'administration ottomane a mis en place des systèmes de taxation et des lois basés sur le millet, un système qui permettait un certain degré d'autonomie aux communautés religieuses non musulmanes. Bien que les Ottomans étaient musulmans, ils ont promu une politique de tolérance religieuse relative. L'Église orthodoxe grecque, par exemple, a reçu une reconnaissance légale et a été autorisée à s'auto-gouverner en matière d'affaires internes, ce qui a renforcé sa position dans la société chypriote. L'économie de Chypre sous la domination ottomane a connu des périodes de déclin en raison de la combinaison de facteurs tels que l'augmentation des impôts, l'abandon des infrastructures et les récurrentes épidémies et famines. Ces problèmes économiques, ajoutés à un système administratif souvent inefficace, ont affecté la vie de la population locale. La conquête ottomane a également apporté des changements démographiques significatifs, y compris l'arrivée de colons musulmans turcs. Cela a modifié la composition ethnique et religieuse de l'île, jetant les bases des relations greco-turques complexes à Chypre. Tout au long de la période ottomane, il y eut des épisodes de résistance et de révoltes de la part de la population chypriote, largement motivés par le mécontentement face à l'administration ottomane, les impôts élevés et la répression. L'ère ottomane a laissé un héritage culturel durable à Chypre, visible dans l'architecture, la cuisine et les traditions.
Les mosquées et les bains turcs dans des villes comme Nicosie et Famagouste sont des exemples de l'influence architecturale ottomane.

HISTOIRE CONTEMPORAINE :

-**Chypre a été cédée à l'Empire britannique par l'Empire ottoman :**
Cela s'est produit en 1878, sous le Traité de Chypre, permettant à la Grande-Bretagne d'utiliser l'île comme base militaire pour protéger la route vers l'Inde, son joyau colonial. Bien que initialement Chypre ait été louée au Royaume-Uni, elle a été formellement annexée en 1914 au début de la Première Guerre mondiale lorsque l'Empire ottoman a rejoint les Puissances centrales.

Pendant le règne britannique, Chypre était gouvernée comme une colonie de la Couronne. Les Britanniques ont mis en place une structure administrative coloniale, tout en conservant certaines structures ottomanes, telles que le système de millet pour les communautés religieuses. Sous le règne britannique, Chypre a connu des améliorations significatives de son infrastructure. Les Britanniques ont construit des routes, amélioré les ports, introduit le service postal et télégraphique, et établi un système juridique basé sur le modèle britannique.

L'administration britannique a également tenté de moderniser l'économie chypriote, bien que avec un succès limité. L'agriculture est restée l'activité économique principale, mais des efforts ont été faits pour diversifier l'économie, y compris la promotion du tourisme. Pendant la période coloniale britannique, des mouvements nationalistes ont commencé à émerger à Chypre. La majorité greco-chypriote recherchait l'« Enosis », ou l'union avec la Grèce, inspirée par l'idéal de la Megali Idea, le rêve de revivre l'Empire Byzantin sous la direction grecque. D'autre part, la minorité turco-chypriote, influencée par le nationalisme turc et en réponse au mouvement d'Enosis, a commencé à plaider pour la « Taksim », ou la division de l'île entre la Grèce et la Turquie. La réponse britannique à ces mouvements a généralement été répressive, avec des périodes de loi martiale, de censure et d'exil de leaders nationalistes. La tension entre les communautés greco et turco-chypriotes s'est intensifiée, souvent avec le colonialisme britannique agissant comme médiateur involontaire entre les deux.

-Indépendance :

L'indépendance a été le résultat d'un processus négocié impliquant la Grande-Bretagne, la Grèce et la Turquie.
Les pourparlers ont eu lieu dans un contexte de violence croissante sur l'île, notamment la campagne de guérilla menée par l'organisation EOKA (Organisation Nationale des Combattants Chypriotes), qui luttait pour l'union (Enosis) de Chypre avec la Grèce.

L'indépendance de Chypre a été formalisée par les Accords de Zurich et de Londres en 1959, qui ont établi un cadre pour la création de la République de Chypre. Ces accords visaient à assurer un équilibre entre les communautés grecque chypriote et turque chypriote, en leur accordant à chacune certains droits politiques et garanties de sécurité.

La République de Chypre a été établie comme une république bicommunale, où le pouvoir serait partagé entre les deux principales communautés de l'île. Le président serait grec chypriote et le vice-président turc chypriote, avec un pouvoir de veto dans certaines zones de gouvernance pour protéger les intérêts des deux communautés. Les accords ont également désigné la Grèce, la Turquie et le Royaume-Uni comme puissances garantes de l'indépendance, de l'intégrité territoriale et de la sécurité de Chypre. Cela leur a donné le droit d'intervenir dans l'île sous certaines circonstances, un point qui aurait des implications significatives à l'avenir.

Malgré les espoirs de paix et de stabilité, les tensions entre les communautés greco et turco chypriotes n'ont pas tardé à surgir. Des disputes sur l'interprétation et l'application de la constitution ont conduit à des affrontements intercommunautaires. La situation s'est aggravée, atteignant son point critique en 1963-64, lorsque les affrontements armés ont conduit à l'intervention des Nations Unies.

En réponse à la violence, les Nations Unies ont établi la Force de Maintien de la Paix des Nations Unies à Chypre (UNFICYP) en 1964, destinée à prévenir de nouveaux affrontements. La présence de l'UNFICYP continue jusqu'à aujourd'hui. L'indépendance de Chypre n'a pas résolu les tensions fondamentales entre ses communautés constitutives.

Les événements ultérieurs, en particulier le coup d'État de 1974 soutenu par la Grèce et l'invasion subséquente turque, ont conduit à une division de facto de l'île, une situation qui demeure jusqu'à présent.

Depuis 1960, il y a eu de nombreuses tentatives pour résoudre le conflit chypriote, y compris des plans de réunification sous les auspices de l'ONU. Cependant, les différences sur des questions de sécurité, de gouvernance et de propriété ont entravé les progrès vers une solution durable.

Depuis l'indépendance de Chypre en 1960, les tensions entre les communautés grecque chypriote et turque chypriote ont été constantes, souvent exacerbées par les politiques des métropoles, la Grèce et la Turquie, respectivement. Le 15 juillet 1974, un coup d'État à Chypre, dirigé par la junte militaire au pouvoir en Grèce, a renversé le président Makarios III, dans le but d'atteindre l'Enosis, ou l'union de Chypre avec la Grèce. Cet acte a été le prétexte immédiat pour l'intervention turque. La Turquie, justifiant son action par son droit d'intervenir en tant que puissance garante selon les Accords de Zurich et de Londres de 1959-60, a lancé une invasion militaire le 20 juillet 1974, appelée "Opération Attila". L'invasion s'est produite en deux phases, la première commençant le 20 juillet et la seconde le 14 août, étendant le contrôle turc au nord de l'île. L'invasion a conduit à un déplacement massif des populations, avec des grecs chypriotes fuyant vers le sud et des turcs chypriotes vers le nord, exacerbant la division ethnique de l'île. Il y a également eu de nombreuses victimes et disparus des deux côtés, et des violations des droits humains ont été signalées. En conséquence de l'invasion, Chypre a été divisée de facto en deux parties : la République de Chypre, contrôlée par les grecs chypriotes, qui couvre environ 59% du sud de l'île, et le nord, contrôlé par les turcs chypriotes et les troupes turques, qui couvre environ 36% du territoire. La "Ligne Verte", une zone démilitarisée maintenue par la Force de Maintien de la Paix des Nations Unies à Chypre (UNFICYP), sépare les deux parties. En 1983, l'administration turque chypriote dans le nord a déclaré l'indépendance, établissant la République Turque du Nord de Chypre (RTNC).

Cependant, cette déclaration n'a été reconnue que par la Turquie, et la communauté internationale considère le territoire de la RTCN comme faisant partie de la République de Chypre.

ACTUALITÉ :

Chypre a rejoint l'Union Européenne le 1er mai 2004, dans le cadre de l'élargissement le plus important de l'UE à ce jour. L'adhésion a représenté un jalon significatif pour Chypre, offrant des opportunités pour le développement économique, l'intégration politique et la coopération régionale. Bien que l'île soit politiquement divisée, seule la République de Chypre, qui contrôle le sud de l'île, est reconnue internationalement et, par conséquent, est le seul gouvernement représentant Chypre dans l'UE. La zone nord, auto-proclamée comme la République Turque du Nord de Chypre (RTCN), est uniquement reconnue par la Turquie et n'est pas membre de l'UE. L'île est physiquement divisée par la "Ligne Verte", une zone tampon patrouillée par la Force de Maintien de la Paix des Nations Unies à Chypre (UNFICYP). Cette division sépare la République de Chypre, à majorité grecque chypriote, au sud, de la RTCN, à majorité turque chypriote, au nord. La déclaration d'indépendance de la RTCN en 1983 n'a pas été reconnue internationalement, sauf par la Turquie. Cela a été un obstacle significatif pour les relations internationales et la réconciliation sur l'île. Il y a eu de nombreux efforts et cycles de négociations pour réunifier l'île sous un cadre fédéral bicommunal et bizonal. Ces efforts, facilités par l'ONU, ont cherché à résoudre des questions clés telles que la sécurité, la gouvernance, le territoire et la propriété. Cependant, malgré certains progrès et la volonté de compromis montrée à différents moments par les deux communautés, jusqu'à présent, aucune solution durable n'a été atteinte. Toutefois, l'étranger venant vivre sur l'île ne ressent à aucun moment qu'il existe un conflit actuel, car il n'y a eu aucun type d'agression armée ni militaire depuis environ 50 ans.

31

CRISIS DES BANQUES CHYPRIOTES.

La crise des banques chypriotes est un événement significatif dans l'histoire économique récente de l'Europe, qui a eu lieu en 2012-2013.

Cet épisode faisait partie de la crise de la dette souveraine européenne et a eu des conséquences importantes tant pour l'économie de Chypre que pour la zone euro en général.

Voici les points clés de cette crise :

Antécédents

-**Bulle immobilière et expansion bancaire :** Avant la crise, les banques chypriotes ont connu une expansion significative, en partie due à l'investissement dans le secteur immobilier et à l'acquisition de bons du gouvernement grec.
-**Crise financière mondiale :** La crise financière de 2008 a affecté négativement les banques chypriotes, exacerbant les problèmes découlant de leur exposition au secteur immobilier sur-endetté et à la dette publique grecque.

Déclencheurs

-**Quita de la dette grecque :** En 2011, dans le cadre des mesures pour aborder la crise de la dette en Grèce, une quita significative a été imposée sur les bons du gouvernement grec, ce qui a durement affecté les banques chypriotes en raison de leur grande exposition à ces actifs.
-**Perte de confiance et fuite de capitaux :** La situation financière des banques chypriotes s'est rapidement détériorée, entraînant une crise de confiance parmi les déposants et une fuite de capitaux.

Conséquences

-Sauvetage financier : En mars 2013, Chypre a conclu un accord avec la troïka (Commission européenne, Banque centrale européenne et Fonds monétaire international) pour un paquet de sauvetage de 10 milliards d'euros. Cet accord incluait des mesures sévères telles que la restructuration des banques et l'imposition de pertes aux déposants non assurés (un processus connu sous le nom de "bail-in").

-Contrôle des capitaux : Pour éviter une fuite massive de capitaux, le gouvernement chypriote a imposé des contrôles des capitaux, une mesure sans précédent dans la zone euro qui restreignait la libre circulation des capitaux.

-Impact économique et social : La crise a eu un impact profond sur l'économie chypriote, entraînant une récession, une augmentation du chômage et l'érosion de la richesse des ménages.

-Réformes et récupération : En échange du sauvetage, Chypre s'est engagée à réaliser des réformes structurelles significatives. Malgré la profondeur de la crise, l'économie chypriote a commencé à montrer des signes de récupération dans les années suivantes.

Réponse : Réformes Financières et Bancaires

-Restructuration du secteur bancaire : La taille du secteur bancaire chypriote a été réduite et les principaux banques ont été restructurées, y compris la liquidation de Laiki Bank et le transfert de certains de ses actifs et passifs à la Bank of Cyprus.

-Renforcement de la régulation et de la supervision financières : Chypre a renforcé son cadre de régulation et de supervision bancaire pour améliorer la gestion des risques et accroître la résilience du secteur financier.

Réponse : Réformes Fiscales et de l'Administration Publique

-Consolidation fiscale : Chypre a mis en œuvre des mesures d'austérité pour réduire le déficit public, incluant des coupes dans les dépenses publiques et des augmentations d'impôts.

-Réforme de l'administration publique : Des réformes ont été menées pour améliorer l'efficacité du secteur public, incluant la réduction de la bureaucratie et l'amélioration des services publics numériques.

Réponse : Réformes du Marché du Travail et des Retraites

-**Réforme du marché du travail :** Des réformes ont été introduites pour rendre le marché du travail plus flexible et améliorer la compétitivité, y compris des mesures pour faciliter l'embauche et le licenciement.
-**Réforme du système de retraites :** Des changements ont été mis en place pour garantir la durabilité du système de retraites, y compris l'augmentation de l'âge de la retraite.
-**Réformes et politiques pour attirer les investisseurs, les entreprises et les nomades numériques :** Ces mesures visaient non seulement à récupérer la stabilité économique mais aussi à diversifier la base économique du pays et à promouvoir une croissance durable.

Parmi les initiatives les plus remarquables figurent :

-**Régime de Citoyenneté par Investissement :** Bien qu'il ait été suspendu en 2020 en raison de préoccupations concernant son intégrité et la pression de l'Union Européenne, ce programme permettait aux investisseurs étrangers d'obtenir la citoyenneté chypriote en échange d'un investissement significatif dans le pays. Cela incluait des investissements dans l'immobilier, les entreprises locales, les fonds d'investissement, ou à travers la création d'emplois.
-**Incitations Fiscales :** Chypre a offert une série d'incitations fiscales pour attirer des entreprises et des professionnels :

  1. Impôt sur les sociétés compétitif : Avec l'un des taux d'impôt sur les sociétés les plus bas de l'UE (12,5 %), Chypre s'est positionnée comme une destination attrayante pour les entreprises internationales.

  2. Régime des non-résidents : Les résidents non domiciliés à Chypre, qui répondent à certains critères, peuvent bénéficier d'exonérations sur les revenus des dividendes et des intérêts, ainsi que sur les gains en capital sous certaines conditions.

  3. Incitations pour l'innovation et les startups : Des déductions fiscales pour les investissements dans l'innovation, la recherche et le développement et les startups ont été introduites.

4. Visa pour Nomades Numériques : Répondant à la tendance croissante du travail à distance, Chypre a lancé un visa pour nomades numériques, permettant aux travailleurs à distance hors de l'UE de vivre à Chypre tout en travaillant pour des employeurs ou des clients hors du pays. Ce visa offre un environnement attrayant en raison du climat, de la qualité de vie et des incitations fiscales.

5. Simplification des Procédures pour les Entreprises : Chypre a travaillé à simplifier les procédures administratives et d'enregistrement pour les nouvelles entreprises, cherchant à réduire la bureaucratie et à faciliter la création et l'opération des affaires. Cela comprend l'amélioration des services numériques pour l'enregistrement des entreprises et la gestion des impôts.

6. Développement de l'Infrastructure et des Services : L'investissement dans des infrastructures de haute qualité, telles que les télécommunications, l'énergie et le transport, ainsi que la promotion de services financiers, juridiques et d'affaires de haute qualité, ont fait de Chypre une destination attrayante pour les entreprises internationales.

7. Promotion du Secteur de l'Énergie et du Gaz Naturel : L'exploitation des gisements de gaz naturel dans la Zone Économique Exclusive de Chypre a ouvert de nouvelles opportunités pour les investisseurs dans le secteur énergétique, cherchant à faire de Chypre un hub énergétique en Méditerranée.

Résultats de la Récupération

Jusqu'en 2024, Chypre a réalisé une remarquable récupération économique depuis la profondeur de sa crise financière :

-Croissance économique : L'économie chypriote a connu une croissance soutenue dans les années suivant la crise, stimulée par l'investissement, la consommation et la croissance dans des secteurs tels que le tourisme, l'énergie et les services financiers.

-Réduction du chômage : Le taux de chômage, qui avait atteint des niveaux record pendant la crise, a diminué de manière significative grâce à la reprise économique et aux réformes du marché du travail, atteignant 6,4 % en 2024.

-Stabilité financière : Les banques chypriotes sont devenues plus stables et résilientes, avec de meilleurs ratios de capital et de liquidité.

- **Fin des contrôles des capitaux :** Chypre a réussi à lever complètement les contrôles des capitaux qui avaient été imposés pendant la crise, restaurant ainsi la confiance dans le système financier.
- **Amélioration de la confiance des investisseurs :** Les réformes mises en œuvre et la reprise économique ont aidé à restaurer la confiance des investisseurs à Chypre.

32

VILLES PRINCIPALES ET LIEUX TOURISTIQUES.

Recensement de la population

En 2024, Chypre a une population totale estimée à 875 900 habitants.

La répartition de la population dans les 7 villes les plus importantes de Chypre est la suivante :

-Nicosie : Environ 330 000 habitants. C'est la capitale et la plus grande ville de Chypre, agissant comme le principal centre politique, administratif et culturel.
-Limassol : Compte environ 240 000 habitants. Elle est connue pour être un important centre financier et port maritime.
-Larnaca : Près de 72 000 habitants. Ville côtière connue pour ses plages et pour abriter l'aéroport principal de Chypre.
-Famagouste : Environ 42 000 habitants. Destination touristique importante, bien qu'une partie de son territoire se trouve dans la zone administrée par la République Turque du Nord de Chypre.
-Paphos : Environ 35 900 habitants. Site du patrimoine mondial de l'UNESCO et destination touristique populaire.
-Ayia Napa : Environ 2 900 habitants. Célèbre pour ses plages et sa vie nocturne animée.

Concernant la communauté étrangère, environ 22% de la population à Chypre est étrangère, ce qui représente environ 192 698 individus.

La répartition estimée des étrangers par nationalité, basée sur les tendances migratoires jusqu'en 2024, est la suivante :

-Grecs : Ils constituent environ 86 714 (45%) de la population étrangère, reflétant une relation culturelle et historique étroite entre la Grèce et Chypre.

- **Britanniques** : Environ 38 540 (20 %) du total des étrangers. Chypre est une destination populaire pour les expatriés britanniques en raison de son climat, de la langue (anglais largement parlé) et des liens historiques.
- **Russes** : Près de 19 270 (10 %), attirés par le climat, les opportunités d'investissement et la qualité de vie.
- **Roumains et Bulgares** : Chaque groupe représente environ 9 635 (5 %) des étrangers, reflétant la mobilité du travail au sein de l'Union Européenne.
- **Autres** : Comprennent une variété de nationalités qui totalisent environ 28 905 (15 %) du total des étrangers à Chypre.

Caractéristiques et lieux touristiques importants

1. Nicosie (Lefkosia) :

Nicosie, la capitale de Chypre, est une ville de profonde histoire et d'activité commerciale significative, marquée par sa position unique en tant que dernière capitale divisée du monde.

Avec des racines remontant à plus de 4 500 ans, Nicosie a été le cœur administratif, politique, culturel et économique de Chypre depuis le Xe siècle.

- **Histoire Ancienne et Fondation** : Nicosie s'est développée comme un important centre administratif et commercial à l'Âge du Bronze. Au fil des siècles, la ville a été influencée par de nombreuses civilisations, y compris les Assyriens, les Égyptiens, les Perses, et les Romains, en raison de sa situation stratégique dans la Méditerranée.
- **Époque Byzantine et Médiévale** : Pendant la période byzantine, Nicosie servait de centre administratif et défensif important. La construction des murs vénitiens au XVIe siècle, dont trois portes et une partie des murs sont encore conservées, a été un point culminant de son architecture défensive destinée à protéger la ville des envahisseurs.

-**Domination ottomane et britannique :** Sous la domination ottomane, qui a commencé en 1571, Nicosie a maintenu son importance en tant que centre administratif.
Cependant, c'est durant la période de l'administration britannique, débutée en 1878, que Nicosie a commencé à se moderniser de manière significative, en introduisant de nouvelles infrastructures et en élargissant son rôle commercial.

-**La Division de Nicosie :** L'invasion turque de 1974 a conduit à la division de Nicosie (et de Chypre), avec la création de la "Ligne Verte" qui sépare la partie sud, contrôlée par les Chypriotes grecs, de la partie nord, administrée par les Chypriotes turcs. Cette division a eu un impact profond sur la vie et l'économie de la ville.

-**Activité commerciale et développement :** Aujourd'hui, Nicosie est un centre prospère de commerce et d'affaires. La partie sud de la ville abrite le gouvernement de la République de Chypre, ainsi que de nombreuses ambassades, banques et corporations internationales. Le secteur des services, notamment financier, légal et éducatif, joue un rôle crucial dans l'économie de la ville. La ville est également un important centre de commerce de détail, avec un mélange de bazars traditionnels et de centres commerciaux modernes. La rue Ledra, au cœur de la vieille ville, est une destination populaire pour le shopping et les loisirs.

-**Défis et avenir :** Nicosie fait face au défi unique de fonctionner et de se développer sous l'ombre de la division politique et territoriale, cependant, la ville continue de s'efforcer d'être un lieu de rencontre pour le dialogue et la coopération entre les communautés chypriote grecque et chypriote turque.

Quelques sites touristiques :

-**La Ligne Verte :** C'est la zone démilitarisée qui divise Nicosie en deux, séparant la partie sud contrôlée par les Chypriotes grecs de la partie nord, occupée par les Turcs. Se promener le long de la Ligne Verte offre une perspective unique sur l'histoire récente de Chypre.

-**Le Musée Archéologique de Chypre :** C'est le principal musée archéologique de l'île, où l'on peut voir des artefacts couvrant plus de 8 500 ans d'histoire chypriote, de l'ère néolithique à la période romaine.

- **La Porte de Famagouste** : À l'origine, l'une des trois portes faisant partie des murs vénitiens qui entouraient la vieille ville, elle sert maintenant de centre culturel pour les expositions et événements.
- **Le Quartier de Laiki Geitonia** : Situé à l'intérieur des murs de la ville, ce quartier piéton restauré est connu pour ses rues sinueuses, ses boutiques de souvenirs, ses ateliers d'artisanat et ses cafés traditionnels.
- **La Cathédrale de Saint-Jean** : Une impressionnante église orthodoxe avec de magnifiques fresques à l'intérieur. Bien qu'elle soit petite, sa riche décoration et son importance historique en font une visite incontournable.
- **Le Musée Byzantin** : Il abrite l'une des collections les plus riches d'art byzantin à Chypre, comprenant des icônes, des fresques et d'autres artefacts religieux.
- **La Muraille Vénitienne** : Construite au XVIe siècle par les Vénitiens pour protéger la ville contre les envahisseurs, aujourd'hui, des parties de la muraille et certaines de ses portes et bastions sont encore debout, offrant un aperçu du passé militaire de Nicosie.
- **La Maison du Dragoman Hadjigeorgakis Kornesios** : C'est l'une des maisons ottomanes les mieux conservées et un exemple impressionnant de l'architecture urbaine du XVIIIe siècle à Nicosie. Elle est maintenant un musée montrant à quoi ressemblait la vie pendant la période ottomane.
- **Le Quartier Arménien et le Musée Arménien** : Explore l'histoire et la culture de la communauté arménienne à Chypre, qui fait partie du riche mélange culturel de l'île depuis des siècles.
- **La Rue Ledra** : C'est une rue commerciale et piétonne populaire qui traverse du nord au sud le centre de Nicosie, traversant la Ligne Verte. Elle offre une large gamme de boutiques, de cafés et de points de vue pour observer la dynamique de la ville divisée.

2. Limassol (Lemesos) :

Limassol, la deuxième plus grande ville de Chypre, est connue pour son port vital, sa riche histoire culturelle et sa vie commerciale animée.

Stratégiquement située sur la côte sud de l'île, Limassol a joué un rôle crucial dans l'histoire et l'économie de Chypre depuis l'antiquité jusqu'à nos jours.

- **Histoire ancienne et origines :** Les premiers établissements dans la région de Limassol remontent à l'antiquité, avec des preuves d'occupation datant du deuxième millénaire av. J.-C.
La ville elle-même a des racines qui peuvent être tracées jusqu'à l'ancienne cité-état de Kourion et Amathus, deux des principaux centres urbains du monde antique à Chypre.
Ces sites archéologiques à proximité offrent des preuves de la riche histoire culturelle et commerciale de la région.
- **Période byzantine et Moyen Âge :** Pendant la période byzantine, Limassol a servi de port important et de base militaire.
Son importance a continué au Moyen Âge, surtout sous le règne des Lusignan et des Vénitiens, en raison de sa position maritime stratégique. Le Château de Limassol, situé au cœur de la vieille ville, date de cette période et on dit que c'était le lieu où Richard Cœur de Lion s'est marié avec Bérengère de Navarre pendant la Troisième Croisade.
- **Domination ottomane et britannique :** Sous la domination ottomane, qui a commencé à la fin du XVIe siècle, Limassol a connu une période de déclin. Cependant, cette tendance a été inversée avec l'administration britannique en 1878, qui a apporté la modernisation de l'infrastructure et la revitalisation du port, encourageant le commerce et l'activité économique.
- **Développement moderne et activité commerciale :** Au XXe siècle et au début du XXIe siècle, Limassol s'est transformée en un centre dynamique d'affaires et de commerce. Son port est l'un des plus occupés de la Méditerranée, gérant une portion significative du commerce maritime et des passagers de Chypre. La ville est également devenue un centre important pour l'industrie des croisières. De plus, Limassol est un hub financier et de services, attirant des investissements internationaux et des entreprises du monde entier. La ville a connu un développement immobilier remarquable, avec la construction de complexes résidentiels modernes, de bureaux et de centres commerciaux.
Des événements tels que le Carnaval de Limassol et le Festival du Vin attirent des visiteurs locaux et internationaux, promouvant la culture et les traditions chypriotes.

Quelques sites touristiques :

-**Le Château de Limassol :** Situé au cœur de la vieille ville, ce château médiéval abrite le Musée Médiéval de Chypre. Selon la légende, c'est ici que Richard Cœur de Lion s'est marié avec Bérengère de Navarre.

-**La Promenade de Molos :** Une longue et belle zone piétonne le long de la côte, parfaite pour marcher, faire du vélo ou simplement profiter de la brise marine. Elle est bordée de palmiers, de parcs et d'aires de jeux.

-**La Marina de Limassol :** Un port de plaisance moderne qui combine des boutiques de luxe, des restaurants et des bars, avec un impressionnant ensemble de yachts et de bateaux. C'est un excellent endroit pour profiter de l'ambiance luxueuse de Limassol.

-**Le Parc Aquatique Fasouri Watermania :** L'un des plus grands parcs aquatiques de Chypre, il offre une variété de toboggans, de piscines et d'attractions pour tous les âges. C'est une option amusante pour une journée en famille.

-**Kourion :** Un important site archéologique situé près de Limassol, avec d'impressionnantes ruines qui incluent un théâtre gréco-romain bien conservé, des maisons avec mosaïques et un ancien stade.

-**Le Sanctuaire d'Apollon Hylates :** Près de Kourion, c'était l'un des principaux centres religieux de l'ancienne Chypre, dédié au dieu Apollon. Les restes comprennent un temple, un portique et un bain sacré.

-**Le Musée du Vin de Chypre :** Situé à Erimi, près de Limassol, il offre aux visiteurs la possibilité d'en apprendre davantage sur l'histoire du vin sur l'île, qui remonte à plus de 5 000 ans, et de déguster des vins locaux.

-**Le Château de Colossi :** Un château construit au XIIIe siècle par les Chevaliers de Saint-Jean, c'est un magnifique exemple de l'architecture militaire médiévale et un lieu parfait pour les passionnés d'histoire.

-**Les Salines d'Akrotiri :** Une importante zone humide qui attire une grande variété d'oiseaux, y compris des flamants roses à certaines périodes de l'année. C'est idéal pour les amoureux de la nature et l'observation des oiseaux.

- **La Vieille Ville :** Le cœur historique de Limassol, avec ses rues étroites, ses boutiques d'artisanat, ses cafés traditionnels et ses marchés. C'est l'endroit parfait pour expérimenter le charme local et acheter des souvenirs.
- **Le Marché Municipal de Limassol :** Un marché animé où les visiteurs peuvent trouver de tout, des fruits et légumes frais aux produits locaux et artisanats. C'est une expérience culturelle authentique et un excellent endroit pour goûter à la cuisine chypriote.

3. Larnaca (Larnaka) :

Larnaca, l'une des villes les plus anciennes de Chypre, combine harmonieusement sa riche histoire avec une vibrante activité commerciale moderne.

Située sur la côte sud-est de l'île, Larnaca est connue pour son fascinant mélange d'influences culturelles, résultat de milliers d'années d'histoire, et sa position stratégique en Méditerranée, qui en a fait un important port et centre commercial au fil des siècles.

- **Histoire Ancienne :** La région autour de Larnaca a été habitée depuis la préhistoire, comme en témoignent les découvertes archéologiques dans la zone. Dans l'Antiquité, la ville était connue sous le nom de Kition, ou Citium en espagnol, fondée par les Phéniciens au XIIIe siècle av. J.-C. Kition était un important centre commercial et maritime, grâce à son port naturel et son emplacement sur les routes commerciales méditerranéennes. La ville avait des liens étroits avec le monde phénicien et grec, ce qui se reflète dans les vestiges archéologiques incluant des sanctuaires et des fortifications.
- **Période Byzantine et Moyen Âge :** Tout au long de l'ère byzantine, Larnaca a continué à être un point d'ancrage et un centre commercial important. Au Moyen Âge, sous le règne des Lusignan et plus tard des Vénitiens, Larnaca a maintenu son importance grâce à son port, qui a joué un rôle vital dans le commerce entre l'Orient et l'Occident.

-Ère Moderne : Avec l'arrivée de la domination ottomane au XVIe siècle, Larnaca est devenue la porte d'entrée de Chypre, accueillant diplomates, commerçants et pèlerins.
Pendant la période britannique, qui a commencé en 1878, l'infrastructure de la ville a été modernisée et son port a été agrandi, consolidant ainsi son rôle de centre commercial clé.
-Activité Commerciale Contemporaine : Aujourd'hui, Larnaca est à la fois une destination touristique populaire et un centre commercial prospère. Son aéroport, l'Aéroport International de Larnaca, est l'un des deux principaux points d'entrée à Chypre, facilitant à la fois le commerce et le tourisme. La ville reste également un port important, gérant des cargaisons et des passagers. Larnaca bénéficie aussi d'une scène commerciale vibrante, avec un mélange de boutiques traditionnelles et de centres commerciaux modernes offrant tout, des artisanats locaux aux marques internationales.
La ville est connue pour sa production de sel et a développé des secteurs des services, de l'éducation et de l'immobilier.

Quelques sites touristiques :

-Le Lac Salé de Larnaca (Alyki) : Une zone naturelle protégée qui attire des flamants roses et d'autres oiseaux migrateurs en hiver. Le lac est également connu pour sa mosquée voisine Hala Sultan Tekke, un lieu sacré pour les musulmans.
-L'Église de Saint Lazare (Agios Lazaros) : Une impressionnante église orthodoxe du IXe siècle, construite sur la tombe de Lazare, l'ami de Jésus qui, selon la tradition, a vécu à Larnaca après sa résurrection. L'église est un excellent exemple de l'architecture byzantine à Chypre.
-Le Fort de Larnaca : Un château médiéval qui sert de musée et offre des vues spectaculaires sur la mer depuis ses remparts.
Il est censé avoir été construit pendant le règne de Jacques Ier de Chypre (XIVe siècle) et a été utilisé comme prison et caserne.
-Le Front de Mer de Finikoudes : L'une des plages les plus célèbres de Chypre, connue pour ses palmiers et son avenue animée remplie de cafés, bars et restaurants. C'est l'endroit parfait pour profiter du soleil méditerranéen et de l'hospitalité chypriote.

- **Le Musée Archéologique du District de Larnaca** : où l'on peut explorer des artefacts datant de la préhistoire jusqu'à la période romaine, offrant un aperçu de la riche histoire de la région.
- **L'Aqueduc de Kamares** : Un impressionnant aqueduc du XVIIIe siècle, connu sous le nom de Kamares, qui était utilisé pour transporter de l'eau à Larnaca depuis une source située à 10 km de distance. Sa construction élégante et la rangée d'arches en font un lieu photogénique.
- **Le Port et la Marina de Larnaca** : Un endroit animé pour se promener, avec un mélange de bateaux de pêche traditionnels et de yachts de luxe. La zone dispose également d'une bonne sélection de restaurants et cafés.
- **Le Musée Pierides** : Abrite l'une des plus anciennes collections privées de Chypre, couvrant plus de 4 000 ans d'histoire de l'île, y compris des artefacts de l'Âge du Bronze, des périodes gréco-romaines et de l'art byzantin.
- **La Mosquée Hala Sultan Tekke** : Située près du Lac Salé de Larnaca, cette mosquée est l'un des lieux les plus sacrés de l'islam en dehors de l'Arabie Saoudite. Selon la légende, c'est le lieu de repos d'Umm Haram, la tante de Mahomet.
- **La Zone Archéologique de Choirokoitia** : Bien qu'un peu éloigné de Larnaca, ce site préhistorique est l'un des établissements néolithiques les plus importants de l'est de la Méditerranée et a été déclaré patrimoine mondial de l'UNESCO.

4. Paphos (Pafos) :

Paphos, située sur la côte sud-ouest de Chypre, est une ville d'une grande importance historique et culturelle, ainsi qu'un important centre touristique.

Son histoire s'étend de la préhistoire à nos jours, en passant par les périodes hellénistiques, romaines, byzantines, franques, vénitiennes, ottomanes et britanniques.

- **Histoire ancienne et origines** : Paphos est connue dans la mythologie grecque comme le lieu de naissance d'Aphrodite, la déesse de l'amour et de la beauté, ce qui a attiré les visiteurs dans la région depuis l'antiquité. La ville fut la capitale du royaume de Chypre pendant la période hellénistique et romaine, ce qui contribua à sa richesse et à son développement.

Le site archéologique de Nea Paphos témoigne de cette ère dorée, avec ses impressionnantes mosaïques datant du IIIe siècle après J.-C., considérées parmi les plus belles du monde méditerranéen.

-Du Moyen Âge à l'époque moderne : Pendant le Moyen Âge, Paphos a perdu une partie de son importance au profit d'autres villes de Chypre. Cependant, elle a maintenu sa pertinence en tant que centre ecclésiastique. Sous la domination ottomane et plus tard britannique, Paphos s'est transformée lentement, mais n'a pas retrouvé son ancien éclat avant le XXe siècle.

-Activité commerciale : De nos jours, l'économie de Paphos est principalement axée sur le tourisme. La ville offre une large gamme de services touristiques, incluant des hôtels, restaurants, bars et activités de loisirs comme le golf, la plongée sous-marine et la randonnée. Paphos est également connue pour son port, qui est à la fois un centre d'activité commerciale et un point de départ pour des croisières et des excursions maritimes.

Le Festival Culturel de Paphos et le Festival d'Opéra de Paphos attirent des visiteurs internationaux et locaux avec des spectacles de musique, de danse et de théâtre. De plus, la ville a été nommée Capitale Européenne de la Culture en 2017, ce qui a stimulé la rénovation de son infrastructure culturelle et a rehaussé son profil international.

Quelques sites touristiques :

-Parc Archéologique de Paphos : Un vaste site qui abrite des ruines antiques impressionnantes, incluant des maisons avec des mosaïques romaines bien conservées qui dépeignent des scènes mythologiques, l'Odeon et les restes de palais et de tombes.

-Les Tombes des Rois : Un impressionnant complexe funéraire datant du IVe siècle av. J.-C. qui s'étend sur une vaste zone. Malgré son nom, le site était le lieu de repos pour des hauts fonctionnaires et des aristocrates plutôt que de la royauté.

-Le Château de Paphos : Situé au bord du port, ce château byzantin a été reconstruit par les Lusignan au XIIIe siècle et plus tard fortifié par les Ottomans. Il offre de magnifiques vues sur le port et est un point de repère photographique populaire.

-Le Phare de Paphos : Proche du Parc Archéologique, ce phare est un lieu idéal pour profiter de vues panoramiques sur la côte et le paysage environnant.

- **Le Rocher d'Aphrodite :** Selon la mythologie, cet impressionnant rocher émergeant de la mer est le lieu de naissance d'Aphrodite, la déesse grecque de l'amour et de la beauté. Il se trouve entre Paphos et Limassol et est un endroit magnifique pour admirer le coucher du soleil.
- **Les Bains d'Aphrodite :** Situés dans la péninsule d'Akamas, on dit que cette piscine naturelle est l'endroit où Aphrodite se baignait. La zone environnante, remplie de sentiers naturels, est parfaite pour la randonnée et pour profiter de la flore et de la faune locales.
- **L'Église de Panagia Chrysopolitissa :** Sur ce site se trouve le Pilier de Saint Paul, où, selon la tradition, l'apôtre a été fouetté avant de convertir le gouverneur romain au christianisme. Les restes d'une basilique du IVe siècle peuvent également être explorés ici.
- **Le Monastère de Saint Neophytos :** Fondé par le moine et ermite Neophytos au XIIe siècle, ce monastère abrite des fresques byzantines impressionnantes et offre un aperçu de la vie monastique à Chypre.
- **La Forêt de Paphos :** Un vaste refuge verdoyant qui offre de la fraîcheur et une grande opportunité pour l'observation des oiseaux, en particulier dans la région de Cedar Valley, où l'on peut voir des cèdres chypriotes endémiques.
- **Le Musée Byzantin :** Situé au centre de Paphos, ce musée héberge une riche collection d'icônes byzantines et d'autres artefacts religieux datant du IXe au XVIIIe siècle.

5. Ayia Napa :

Ayia Napa, située sur la côte sud-est de Chypre, est passée d'un paisible village de pêcheurs à l'un des destinations touristiques les plus populaires de l'île, connue pour ses belles plages et sa vie nocturne animée.

Malgré sa renommée actuelle en tant que centre de loisirs et de divertissement, Ayia Napa possède également une riche histoire culturelle et religieuse.

- **Histoire ancienne et origines :** Le nom "Ayia Napa" se traduit par "Sainte Napa", dérivé d'un mot en ancien grec signifiant "forêt sacrée". Selon la légende, un chasseur a découvert une icône de la Vierge Marie dans une grotte cachée à l'intérieur de la forêt, donnant naissance au nom du lieu et à l'établissement du monastère qui se trouve encore aujourd'hui au cœur d'Ayia Napa.

-Développement et Croissance : Pendant des siècles, Ayia Napa est restée une petite communauté agricole et de pêche, relativement isolée en raison de sa situation à l'extrême est de Chypre. Cependant, sa chance a commencé à changer dans les années 1970, lorsque Chypre a commencé à développer son industrie touristique. Les impressionnantes plages de sable blanc et les eaux cristallines d'Ayia Napa en ont fait une destination attrayante pour les touristes.

-Activité Commerciale : L'économie d'Ayia Napa tourne largement autour du tourisme. La ville offre une large gamme d'activités, allant des sports nautiques et de la plongée aux excursions en bateau et aux événements musicaux. Le parc aquatique WaterWorld, sur le thème de la Grèce antique, est l'un des plus grands parcs aquatiques d'Europe et constitue une attraction familiale majeure. La région est également connue pour son offre culinaire variée, incluant à la fois la cuisine traditionnelle chypriote et des options internationales. Les marchés locaux et les boutiques vendent de l'artisanat, des souvenirs et des produits typiques de l'île.

Quelques sites touristiques :

-Monastère d'Ayia Napa : Situé au cœur d'Ayia Napa, ce monastère du XVIe siècle est un oasis de paix et de tranquillité. Construit autour d'une grotte, le monastère est un bel exemple d'architecture médiévale et est l'un des endroits les plus photographiés de la ville.

-Plage de Nissi : Célèbre pour ses eaux turquoise et son sable fin et doré, Nissi Beach est l'une des plages les plus populaires de Chypre. C'est l'endroit parfait pour profiter du soleil, pratiquer des sports nautiques et participer à des fêtes sur la plage.

-Parc National Forestier de Cap Greco : Une zone de beauté naturelle exceptionnelle, idéale pour la randonnée, le cyclisme et l'exploration. Le parc offre des vues imprenables sur la mer, des formations rocheuses, des grottes et une riche biodiversité.

-Caves Maritimes d'Ayia Napa : Situées près du Cap Greco, ces grottes sont accessibles par la mer et sont un lieu populaire pour la plongée et la natation. Les formations rocheuses et les eaux claires créent un environnement impressionnant pour l'exploration.

- **Musée Municipal de la Mer - THALASSA :** Ce musée est dédié à l'influence de la mer sur l'histoire de Chypre, exposant des artefacts anciens jusqu'à la faune marine moderne. La pièce centrale est une réplique d'un ancien navire marchand grec.
- **Parc Aquatique WaterWorld Themed Waterpark :** L'un des plus grands parcs aquatiques d'Europe, avec un thème de la mythologie grecque. Il offre une grande variété de toboggans, piscines et attractions aquatiques pour tous les âges.
- **Plage de Konnos :** Une belle et tranquille plage située entre Ayia Napa et Protaras. Entourée de collines couvertes de végétation, elle est idéale pour ceux qui recherchent un endroit plus paisible pour nager et bronzer.
- **Pont de l'Amour (Love Bridge) :** Une impressionnante formation rocheuse naturelle en forme d'arc au-dessus de la mer. C'est un lieu populaire pour prendre des photos et, selon la légende, ceux qui embrassent leur partenaire sur le pont auront un amour éternel.
- **Place Centrale d'Ayia Napa :** Le cœur vibrant de la ville, rempli de restaurants, cafés, bars et boutiques. Pendant l'été, la place devient le centre de la vie nocturne et du divertissement.
- **Potamos Liopetriou :** Un pittoresque village de pêcheurs avec des maisons traditionnelles et des bateaux colorés, idéal pour profiter de la cuisine chypriote authentique dans un cadre paisible.

6. Famagusta (Ammochostos) :

Famagusta, située sur la côte est de Chypre, est une ville à l'histoire riche qui remonte à l'Antiquité.

Au fil des siècles, elle a été un important centre commercial et culturel, dont l'importance a fluctué avec le changement des dynasties, des empires et des influences culturelles.

L'histoire de Famagusta est marquée par des périodes de grande prospérité et de tragiques dévastations, laissant un héritage de monuments historiques et un riche patrimoine culturel.

- **Origines et Antiquité :** On pense que Famagusta a été fondée autour du IIIe siècle av. J.-C., bien que la région ait été habitée bien avant cela. Initialement connue sous le nom d'Arsinoé, la ville a prospéré sous la domination ptolémaïque puis romaine, bénéficiant de son emplacement stratégique pour le commerce maritime entre l'Orient et l'Occident.
- **Période Byzantine :** Pendant la période byzantine, Famagusta a servi de centre important pour le commerce et la défense. Cependant, la ville a subi des attaques et des sièges, y compris des invasions arabes qui ont fluctué sa fortune jusqu'à l'arrivée des croisés.
- **Apogée au Moyen Âge :** L'âge d'or véritable de Famagusta est arrivé sous la domination des Lusignan au XIIIe siècle, lorsqu'elle est devenue l'un des ports les plus importants de la Méditerranée. La ville a attiré des commerçants du monde entier, et sa richesse s'est reflétée dans la construction de magnifiques églises gothiques et de bâtiments publics. L'arrivée des Génois et plus tard des Vénitiens a continué cette ère de prospérité, faisant de Famagusta un centre névralgique du commerce et de la culture.
- **Domination Vénitienne et Ottomane :** Sous la domination vénitienne (à partir de 1489), Famagusta a été massivement fortifiée pour se protéger contre les menaces ottomanes croissantes. Cependant, en 1571, après un long siège, la ville est tombée aux mains des Ottomans. La prise de Famagusta a marqué la fin de la présence vénitienne à Chypre et le début d'une longue période de déclin pour la ville, car le centre du commerce et du pouvoir s'est déplacé vers d'autres parties de l'empire.
- **Ère Moderne :** Après la domination ottomane, Famagusta est passée sous contrôle britannique en 1878. La ville a connu un renouveau en tant que port commercial, notamment après la construction du chemin de fer la reliant à l'intérieur de Chypre. Cependant, la division de Chypre en 1974 et l'invasion turque ont entraîné l'évacuation et l'abandon de Varosha, un quartier touristique prospère de Famagusta, le transformant en une ville fantôme.

-Activité Commerciale Actuelle : Aujourd'hui, Famagusta est connue pour son université et comme un centre d'éducation. La partie de la ville qui est sous le contrôle de la République Turque de Chypre du Nord a vu un développement en termes de tourisme et d'éducation, avec l'ouverture de nouvelles universités qui attirent des étudiants internationaux.
Le tourisme se concentre sur le riche patrimoine culturel de la ville et ses magnifiques plages, bien que le district de Varosha reste inaccessible.

Quelques sites touristiques :

-Les Murs de Famagusta et le Bastion d'Othello : Les imposantes murailles médiévales entourent la vieille ville de Famagusta, avec le Bastion d'Othello, connu pour avoir inspiré Shakespeare pour son œuvre "Othello". Les murs et le bastion offrent un aperçu fascinant de l'architecture militaire de l'époque.
-La Cathédrale Saint-Nicolas (Mosquée Lala Mustafa Pasha) : Originellement construite comme une cathédrale gothique au XIVe siècle, elle fonctionne maintenant comme une mosquée. C'est l'un des exemples les plus impressionnants d'architecture gothique dans l'est méditerranéen.
-Le Palais de l'Évêque : Près de la Cathédrale Saint-Nicolas, les vestiges du Palais de l'Évêque sont un autre témoignage de la riche histoire de Famagusta.
-L'Église Saint-Georges des Grecs : Un autre magnifique exemple d'architecture gothique, bien que en ruines, cette église conserve encore sa grandeur et rappelle l'importance de Famagusta durant l'ère médiévale.
-Le Monastère Saint-Barnabas : Situé près de Famagusta, ce monastère dédié à Saint Barnabas, le patron de Chypre, abrite un musée d'icônes et d'artefacts religieux.
-La Ville Antique (Salamis) : À quelques kilomètres au nord de Famagusta, les ruines de Salamis sont l'un des sites archéologiques les plus importants de Chypre, avec un théâtre, un gymnase et des bains romains bien conservés.

-**La Plage de Varosha** : Bien que Varosha, la zone balnéaire autrefois populaire et maintenant abandonnée, ne soit pas ouverte au public, les plages avoisinantes à Famagusta sont parmi les plus belles de Chypre, offrant des eaux cristallines et du sable fin.
-**Le Musée Canbulat** : Nommé en l'honneur du commandant ottoman qui a joué un rôle crucial dans la capture de Famagusta, ce musée est situé dans l'une des portes de la ville et expose l'histoire militaire de la région.
-**La Tour d'Othello** : Elle fait partie des fortifications médiévales et offre d'excellentes vues sur la vieille ville et la mer. Bien qu'elle soit souvent confondue avec le Bastion d'Othello, les deux sont dignes de visite pour leur importance historique.
-**Le Vieux Port** : Bien qu'il soit plus petit et moins actif que lors de son âge d'or, le port offre une charmante promenade en bord de mer, avec vue sur les bateaux et yachts, entourée de cafés et de restaurants où l'on peut savourer la cuisine locale.

33
NOURRITURE TYPIQUE

La nourriture typique de Chypre reflète la riche histoire culturelle et les influences culinaires que l'île a reçues au fil des siècles, combinant des éléments des cuisines grecque, turque et du Moyen-Orient.

Voici quelques-uns des plats typiques :

-Meze : Similaire aux tapas espagnoles, le meze chypriote est une série de petits plats servis ensemble, offrant une large variété de saveurs. Il peut inclure des olives, du tahini, du tzatziki et du houmous, ainsi que des plats de viande et de poisson.

-Souvla : De gros morceaux de viande (souvent de l'agneau, du porc ou du poulet) cuits au grill sur une broche longue. C'est un plat très populaire lors des réunions familiales et des festivités.

-Halloumi : Un fromage semi-dur et salé qui peut être frit ou grillé sans fondre, grâce à son point de fusion élevé. Originaire de Chypre, il est souvent servi avec des légumes grillés ou comme partie d'un meze.

-Sheftalia : Saucisses grillées enveloppées dans un réseau de graisse, généralement de porc ou d'agneau, et assaisonnées avec de l'oignon, du persil et des épices.

-Moussaka : Bien que ce soit un plat connu dans plusieurs cuisines des Balkans et du Moyen-Orient, la version chypriote comprend souvent des couches de viande hachée et d'aubergines, recouvertes d'une sauce béchamel et cuites au four.

-Kleftiko : Agneau cuit lentement dans son propre jus jusqu'à ce qu'il se défasse, traditionnellement préparé dans un four en argile scellé. Il est mariné avec de l'ail, du citron et des herbes avant la cuisson.

-Koupepia : Également connus sous le nom de dolmas dans d'autres régions, ce sont des feuilles de vigne farcies d'un mélange de viande et de riz, cuites dans une sauce tomate.

- **Loukoumades** : Dessert composé de petites boules de pâte frites jusqu'à ce qu'elles soient croustillantes à l'extérieur et moelleuses à l'intérieur, puis baignées dans du miel ou du sirop et saupoudrées de cannelle et parfois de noix concassées.
- **Louvi** : Un plat simple mais nutritif fait avec des haricots noirs et des blettes, souvent servi avec des oignons hachés et de l'huile d'olive.
- **Afelia** : Morceaux de porc marinés dans du vin rouge et assaisonnés de coriandre avant d'être cuits. C'est un plat traditionnel souvent servi avec des pommes de terre ou du boulgour.
- **Tzatziki** : Bien que commun dans plusieurs cuisines de l'Est méditerranéen, à Chypre, cette sauce à base de yaourt épais avec du concombre, de l'ail, de l'huile d'olive et parfois de la menthe, est un accompagnement fréquent de nombreux repas, notamment avec les viandes.
- **Makaronia tou Fournou** : Connue aussi sous le nom de pastitsio en Grèce, c'est un plat de pâtes au four qui comprend des couches de macaronis, de viande hachée et une couche crémeuse de béchamel.
- **Tarhana** : Une soupe épaisse et nutritive faite avec des grains fermentés et du yaourt, souvent enrichie de légumes et de morceaux de viande.
- **Fasolada** : Une soupe de haricots blancs considérée comme le plat national de Chypre, riche en légumes et parfumée avec du laurier et de l'huile d'olive.
- **Elioti** : Un pain aux olives, souvent assaisonné d'oignons et d'herbes. Il est courant de le trouver dans les boulangeries et il est parfait pour accompagner les meze.
- **Flaounes** : Pâtisseries cuites au four typiques de la période de Pâques, faites avec une pâte semblable à celle du pain, garnie de fromage, d'œufs et de menthe, parfois ajoutée de raisins secs.
- **Loukaniko** : Saucisse chypriote assaisonnée de vin et souvent de graines de coriandre et d'orange, qui peut être servie fraîche ou séchée.
- **Trachanas** : Un plat de soupe ou de porridge fait de grains broyés et fermentés mélangés avec du yaourt ou du lait fermenté, souvent servi chaud avec des morceaux de halloumi ou de kielbasa.
- **Glyko tou koutaliou** : Un type de conserve sucrée faite avec des fruits ou des noix entières, cuits lentement dans un sirop jusqu'à caramélisation. Servi en petites portions, comme un geste d'hospitalité, accompagné d'eau froide ou de café.

34
CURIOSITÉS.

-Île des chats : L'un des faits les plus curieux sur Chypre est qu'elle possède une grande population de chats. On dit que ces animaux ont été amenés sur l'île par Sainte Hélène au IVe siècle pour contrôler la population de serpents. Les chats sont très respectés et aimés sur l'île, et vous pouvez trouver de nombreux sanctuaires et personnes qui s'en occupent. De plus, il existe une race appelée le chat chypriote ou le "Géant d'Aphrodite". Ces chats sont grands, avec des corps musclés et un tempérament amical, et on pense qu'ils sont présents sur l'île depuis les temps anciens.

-Culture du halloumi : Chypre est célèbre pour son fromage halloumi, connu dans le monde entier. Ce fromage a un point de fusion élevé, ce qui le rend idéal pour la friture ou la grillade. Le halloumi est un élément central de la gastronomie chypriote et a été l'objet de "guerres culturelles" de dénomination d'origine entre Chypre et d'autres pays.

-La légende d'Aphrodite : Selon la mythologie grecque, Aphrodite, la déesse de l'amour et de la beauté, est née à Chypre. Le lieu spécifiquement associé à sa naissance est la Roche d'Aphrodite, près de Paphos, un site populaire tant pour les touristes que pour les amateurs de mythologie. Les visiteurs arrêtent souvent leurs voitures à proximité pour ramasser une pierre en souvenir ou nager autour de la roche pour trouver l'amour éternel.

-Vin Commandaria : Chypre est le berceau du vin Commandaria, considéré comme l'un des vins les plus anciens du monde encore produits. On dit qu'il est fabriqué de la même manière depuis plus de 4000 ans. Ce vin doux a été documenté pour la première fois pendant l'époque des croisades, qui l'appelaient "le vin des rois".

-Reliques religieuses : Chypre occupe une place spéciale dans le christianisme en raison de ses liens avec Saint Paul, qui a visité l'île avec Saint Barnabé. La légende locale raconte que Saint Paul a été battu à Paphos, ce qui lui a laissé des cicatrices. De plus, on pense que la "Colonne de Saint Paul" à Paphos est l'endroit où il a été attaché et fouetté.

-Biodiversité unique : L'île est un point d'arrêt crucial pour des millions d'oiseaux migrateurs. Chypre se trouve sur une route migratoire principale et environ 15 % des oiseaux d'Europe passent par l'île chaque année sur leur chemin entre l'Europe et l'Afrique.

-Flore endémique : Chypre abrite plus de 125 plantes que l'on ne trouve nulle part ailleurs dans le monde. L'île est particulièrement connue pour ses espèces d'orchidées endémiques, ce qui en fait un lieu de grand intérêt pour les botanistes et les amoureux de la nature.

-Première démocratie du monde : On croit que l'ancienne cité-état de Salamine à Chypre a été l'une des premières à pratiquer une forme de démocratie, même avant l'ancienne Grèce. Ce fait souligne l'importance historique de Chypre comme un centre d'activité culturelle et politique dans la Méditerranée antique.

-Sport et passion : Le football est le sport le plus populaire à Chypre, avec une intense rivalité entre les principaux clubs. Les matchs entre des équipes comme l'APOEL FC et l'Omonia Nicosie attirent de grandes foules et montrent le fervor sportif des Chypriotes.

-Culture du café : Le café est une partie essentielle de la vie sociale à Chypre. Le café chypriote est préparé dans un petit pot en cuivre et servi avec un épais sédiment. Prendre un café à Chypre implique souvent de longues conversations et l'opportunité de se détendre avec des amis et de la famille.

-Mont Olympe : Le point le plus haut de Chypre est le Mont Olympe, situé dans la chaîne de montagnes de Troodos. Ce n'est pas seulement une destination touristique populaire pour le ski pendant les mois d'hiver, mais aussi un excellent endroit pour la randonnée et profiter de la nature le reste de l'année.

-La Coupe de Kyrenia : L'un des artefacts les plus intrigants découverts à Chypre est la Coupe de Kyrenia, une pièce de céramique du IVe siècle avant J.-C. qui change de couleur lorsqu'on y verse du vin au lieu de l'eau, en raison de ses propriétés chimiques.

-L'arbre à souhaits : Au monastère d'Ayia Napa se trouve un ancien figuier connu sous le nom de "l'arbre à souhaits". Les visiteurs attachent souvent des morceaux de tissu ou de papier avec leurs souhaits écrits aux branches de l'arbre, dans l'espoir qu'ils se réalisent.

-Le sel de Larnaca : Le lac salé de Larnaca est célèbre non seulement pour sa beauté naturelle, mais aussi pour être un habitat important pour les oiseaux migrateurs, y compris les flamants roses qui y font escale en hiver. Pendant l'été, le lac s'assèche et le sel peut être récolté, une pratique qui fait partie de l'économie locale depuis des siècles.

-L'Eau de Zallogou : Il existe une tradition unique à Chypre liée à la cérémonie du baptême appelée "Eau de Zallogou". Lors de cette cérémonie, le parrain jette des pièces dans l'eau où l'enfant sera baptisé pour lui apporter bonne fortune et prospérité.

-Églises excavées dans la roche : Dans les montagnes de Chypre, on peut trouver plusieurs églises et chapelles creusées directement dans la roche, certaines datant des premiers temps du christianisme. Ces lieux ne sont pas seulement spirituels mais aussi des œuvres d'art architectonique impressionnantes.

-La culture des oliviers : Chypre a une longue histoire de culture des oliviers, certains ayant plus de mille ans. L'huile d'olive chypriote est très appréciée pour sa qualité et est un ingrédient essentiel dans de nombreux plats locaux.

-Pont de l'Amour : À Ayia Napa se trouve une formation rocheuse naturelle connue sous le nom de Pont de l'Amour. Selon la légende locale, ceux qui embrassent leur partenaire en se tenant sur le pont seront bénis avec un amour éternel. C'est un lieu prisé tant par les touristes que par les locaux.

-Festival des Fleurs : En mai, Chypre célèbre le Festival des Fleurs, un événement qui marque l'arrivée du printemps. Pendant ce festival, les villes et villages se remplissent de défilés, de musique et, bien sûr, de fleurs partout, avec les résidents exposant des arrangements floraux élaborés.

-L'énigme d'Amathus : Amathus est l'un des sites archéologiques les plus anciens de Chypre, avec des vestiges datant de 1100 av. J.-C. C'était l'une des anciennes cités-états de Chypre, et légendairement crue fondée par l'un des fils d'Héraclès.

-L'Église de Saint-Lazare : À Larnaca se trouve l'impressionnante Église de Saint-Lazare, un magnifique exemple d'architecture byzantine construite au IXe siècle. Selon la tradition, Lazare de Béthanie, que Jésus a ressuscité des morts, est devenu l'évêque de Larnaca et on croit qu'il est enterré ici.

-Le forêt de cèdres : Chypre abrite une forêt de cèdres dans la région de Troodos, qui est moins connue que la fameuse forêt de cèdres du Liban, mais tout aussi impressionnante. Cette forêt offre un paysage spectaculaire et est un excellent site pour la randonnée et la jouissance de la nature.

Si vous avez trouvé utile et éclairant ce livre qui détaille tous les processus pour créer votre entreprise à Chypre et résider dans ce pays afin d'optimiser vos impôts et d'améliorer votre qualité de vie, nous vous invitons à partager vos impressions en laissant un avis sur Amazon.

Nous apprécions énormément votre opinion, car elle est cruciale tant pour nous que pour d'autres entrepreneurs qui recherchent des informations fiables et pratiques sur la manière de s'établir à Chypre pour profiter de son régime fiscal favorable.

Nous comprenons que rédiger un avis peut sembler un processus laborieux, mais nous vous demandons de prendre quelques minutes pour exprimer vos pensées et expériences.

Votre retour d'information ne nous aide pas seulement à nous améliorer, mais assiste également d'autres personnes dans leur démarche entrepreneuriale.

Nous sommes profondément reconnaissants de votre soutien.

⭐ ⭐ ⭐ ⭐ ⭐

Si vous souhaitez créer votre entreprise à Chypre ou obtenir des conseils personnalisés pour comprendre en profondeur votre situation fiscale, contactez-nous via :

Notre site web : **www.solucionfiscalchipre.com**
Courriel : **cyprustaxsolution@gmail.com**
Téléphone mobile avec WhatsApp : **+357 99953934**

Nous espérons que l'optimisation de vos impôts devienne une réalité tangible et efficace !

www.ingramcontent.com/pod-product-compliance
Lightning Source LLC
Chambersburg PA
CBHW070301230526
45470CB00002B/674